子どもの
心を育てる
コミュニケーション

栗田 真司

学術研究出版

はじめに

　私は、寺院の住職の長男として生まれました。子どもの頃は、僧侶になって寺を継ぐことを期待されているのが何よりも嫌でした。自分で自分の人生を選べないもどかしさを感じていたのです。そのため、わざと人目につきやすい川で魚獲りに興じ、坊主には向いていないことをアピールしたりしていました。将来は、普通のサラリーマンになりたいと真剣に考えていました。このゆがんだ思いが作用したのでしょう。学校に行きづらくなってしまった時期があります。自分の思いと現実がかけ離れている不一致の状態です。それでも絶対に寺を出ると思い続け、ようやく大学で上京しました。

　大学時代の友人には、実家のことを隠していましたが、わかってしまうと不思議なことにうらやましがられることが度々ありました。「いいなあ。うちなんか普通のサラリーマンだもんな」といった具合です。これによって、子どもの頃からのゆがんでいた思いが薄れていくのを感じました。

　学生時代は、心理学、特に子どもの描画心理を専攻しました。また、学校や博物館などでワークショップを開催していました。しかし、いつの頃からか、最新機器を使って脳内の活動を計測する神経心理学に夢中になっていきました。そんな時に、チェルノブイリ原子力発電所の事故が起き、その影響で放射性同位元素を用いる私の実験がしづらくなってしまいました。そこで、通奏低音のように私の中で響き続けていた臨床心理学や子ども理解の研究に立ち戻ったのです。

　小学校や中学校の授業においては、導入部で今日の見通しを話した後、子どもと教師が１対１で対応する場合があります。ここでは、対人コミュニケーションが重要な要素となるのですが、そうした１対１の対応の中で、教師に傷つけられた子どもと接することが度々ありました。また同時に、自分の子ども時代の経験が想起され、対

人コミュニケーションについて学びたいという気持ちが高まりました。そこで、1年半の時間を費やして東京の専門機関に通い、心理カウンセラーの資格を取得しました。教育現場において、カウンセリングが求められている背景には、指導から支援への転換や集団から個への転換という基本理念の転換の問題が関連しています。

　本格的に臨床活動をするようになると、子どもだけでなく、一番大変なのは、母親だということをあらためて実感しました。涙をボロボロこぼしながら話す母親を目の前にして、一緒に涙を流してしまった拙い対応は数え切れません。そして、こうした相談を受け、微力ながらお役に立てることに喜びを感じるようになりました。

　最近は、「子どもの心を育てるコミュニケーション」というタイトルで、多い年には、50件以上の講演を行っています。マネジメント会社と契約しているわけでもなく、広報を行なっているわけでもありませんが、講演会に参加された方が、次の依頼をしてくださいます。内容は、信奉する心理学者カール・ロジャーズ (Carl Ransom Rogers)、アルフレッド・アドラー (Alfred Adler)、トマス・ゴードン (Thomas Gordon)などによって明らかにされた知見をもとに、私自身が実践した内容などをわかりやすくお話ししているものです。この3人の心理学者に共通するのは、人間に対する肯定的な見方です。私も、子どもは、よさや可能性を持った唯一無二の存在だと考えています。

　さて講演会は、ほとんどが、保育所、幼稚園、小学校、中学校の保育参観や授業参観の関連事業として教師や保護者向けに企画されたものです。こうした講演会の後に、我が子の状況について相談してくださる母親や父親の眼は、真剣そのものでした。真剣すぎるというよりも、時には、自分の全生活のほとんどを我が子のために注いでいるような印象さえ受けます。1時間30分の講演の後、何時間にもわたってそうした個別の相談が続くこともありました。日と場所を改めてカウセリングを行うことも度々ありました。何度も講演会

に参加してくださる方もありますし、「講演で教わったことを実践したおかげで子どもも家族も変わることができました。」と握手を求めてくる人までいます。こういう時は、不登校気味だった私のような人間でも誰かの役に立っているんだと幸せな気持ちを味わうことができます。こうして、たくさんの方に支えられて何とか生きて来ることができた自分にも生きる意味があったとようやく思えるようになりました。こうした際に、「講演会のお話について書かれている本はないのですか」という問い合わせを毎回のようにいただいていたのですが、「ありません」と答えるだけでした。

　その間、東京書籍の「Ｅネット」、雑誌『教育美術』の「教師のための評価実践講座」、『山梨日日新聞』の「おやこみゅ！くりた先生のコミュニケーション講座」などに連載する機会や山梨放送の教育番組「子育て日記」のレギュラー出演の機会をいただき、いつかは、これらを上梓したいと考えていました。

　今回ご縁があり、これらの連載していたものなどを精選し、加筆・修正して晴れて出版できることになりました。相談やカウンセリングの際にいただいた保護者からの疑問、質問などをもとに構成したものです。この意味では、著者や編集者よりも保護者の希望にそってできた書籍と言ったほうがいいかもしれません。

　表紙は、カール・ロジャーズの自己一致、不一致の概念をモチーフにして描きました。写真や挿絵もお手製です。家族の協力のもと、完成することができました。

　子育てについて、親や他人に聞いてもわからないことや聞きづらいことは後を絶ちませんが、この本には、ヒントになるようなことをおさめたつもりです。すぐに読むことができる小さな本ですが、子育て中は、長期にわたって役に立ってくれると思います。この本に触れ、一人でも多くの方が子育てについて肩の荷を下ろされ、「大丈夫、なんとかなる」と感じていただけることを願っています。

教育の究極的な目的は、子どもの中に主体性を育てることと社会性を育てることだと思います。コミュニケーションは、この両方を育むことができます。コミュニケーションの得手・不得手は、才能や性格ではなく、柔軟な考え方とスキルを身に付けているかどうか、ただそれだけの話です。学校教育では、なかなか教えてくれないことですが、間違いなく学ぶことができます。そして、手にすることができたら、まわりに連鎖させることもできます。何か一つでも有効と感じることがあれば、実践してみてください。そして、まわりの人に伝えてあげてください。

　人間は、そんなに簡単に変われるわけではありません。それよりも、ありのままの自分を受け入れること、また、ありのままの自分を受け入れてくれる人を見つけることが大事なことです。

　本書の上梓にあたっては、日本カウンセラー学院の池田宏治氏、東京書籍株式会社の中村龍司氏、山梨日日新聞社の内藤正子氏、教育美術振興会の目等邦保氏、美育文化協会の穴澤秀隆氏、三井デザイン事務所の三井一也氏、学術研究出版の上川真史氏、福原明氏に大変お世話になりました（元の所属を含む）。ここに謹んで謝意を申し上げます。

　最後に、この本の最初の読者であり、いつも私の最高の相談相手であるパートナーの麻実子さんに心から感謝します。あなたと出会えたことが私の人生における最高の幸せです。

　そして、どんな本よりも多くのことを教えてくれる我が家の子どもたちに照れずに伝えたいと思います。

　「生まれてきてくれてありがとう。」

2017 年初春

栗田　真司

※本書の内容の一部は、文部科学省科研費 JP16K04678 の補助を受けたものです。

目　次

はじめに …………………………………………………2

保護者の方へ

私は私でいい、この子はこの子でいい ………… 12
子どもよりも夫婦 ……………………………… 13
ママの幸せ ……………………………………… 14
ママのイライラ ………………………………… 15
なおそうとするな、わかろうとせよ ………… 16
「ないものねだり」から「あるものさがし」へ …… 17
自己肯定感 (self-esteem) …………………… 18
自己開示 (self-disclosure) ………………… 19
プラス思考かマイナス思考か ………………… 20
認められたい …………………………………… 21
賞賛と勇気づけ ………………………………… 22
「内発的動機づけ」と「外発的動機づけ」 ………… 23
父親の役割 ……………………………………… 24
きょうだいげんかの意味 ……………………… 26
きょうだいげんかの対応 ……………………… 27
学校に行きたくない …………………………… 28
イヤイヤ期の意味 ……………………………… 30
イヤイヤ期の対応 ……………………………… 31
いい子を演じる子ども ………………………… 32
インナーチャイルド …………………………… 33
過保護と過干渉 ………………………………… 34
「がんばれ」ではなく「がんばってるね」「がんばったね」…… 36
感情的にならない ……………………………… 37
読み聞かせ ……………………………………… 38
お話リレー ……………………………………… 40
指しゃぶり ……………………………………… 41
「○○らしさ」と「○○のくせに」 ………………… 42

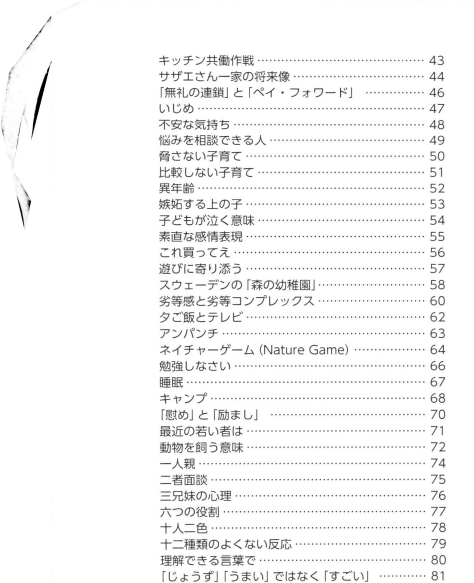

キッチン共働作戦	43
サザエさん一家の将来像	44
「無礼の連鎖」と「ペイ・フォワード」	46
いじめ	47
不安な気持ち	48
悩みを相談できる人	49
脅さない子育て	50
比較しない子育て	51
異年齢	52
嫉妬する上の子	53
子どもが泣く意味	54
素直な感情表現	55
これ買ってえ	56
遊びに寄り添う	57
スウェーデンの「森の幼稚園」	58
劣等感と劣等コンプレックス	60
夕ご飯とテレビ	62
アンパンチ	63
ネイチャーゲーム (Nature Game)	64
勉強しなさい	66
睡眠	67
キャンプ	68
「慰め」と「励まし」	70
最近の若い者は	71
動物を飼う意味	72
一人親	74
二者面談	75
三兄妹の心理	76
六つの役割	77
十人二色	78
十二種類のよくない反応	79
理解できる言葉で	80
「じょうず」「うまい」ではなく「すごい」	81
ルールと約束	82

やりたい習い事 ・・・・・・・・・・・・・・・・・・・・・・・・・・・・・・ 84
ダブルケア ・・・・・・・・・・・・・・・・・・・・・・・・・・・・・・・・・・ 85
「悟りの窓」と「迷いの窓」 ・・・・・・・・・・・・・・・・・・・ 86
ポップコーン ・・・・・・・・・・・・・・・・・・・・・・・・・・・・・・・ 88
りんごジュース ・・・・・・・・・・・・・・・・・・・・・・・・・・・・・ 89
給食の時間 ・・・・・・・・・・・・・・・・・・・・・・・・・・・・・・・・・ 90
結果よりもプロセス ・・・・・・・・・・・・・・・・・・・・・・・・・ 91
わが家の休日 ・・・・・・・・・・・・・・・・・・・・・・・・・・・・・・ 92
子どもにはお金の話とお小遣いを ・・・・・・・・・・・・ 94
ラジオ体操 ・・・・・・・・・・・・・・・・・・・・・・・・・・・・・・・・・ 95
ピグマリオン効果 (pygmalion effect) ・・・・・・・ 96
ここで問題です ・・・・・・・・・・・・・・・・・・・・・・・・・・・・ 97
オケラ ・・・・・・・・・・・・・・・・・・・・・・・・・・・・・・・・・・・・・ 98
かわいい ・・・・・・・・・・・・・・・・・・・・・・・・・・・・・・・・・・ 100
見立て ・・・・・・・・・・・・・・・・・・・・・・・・・・・・・・・・・・・・ 101
ボランティア活動 ・・・・・・・・・・・・・・・・・・・・・・・・・・ 104
子どもが発するほのぼのとする言葉 ・・・・・・・・・・ 105
ここまで読んでいただきありがとうございます ・・・・・・ 106

コミュニケーション・スキル

ブリコラージュ (bricolage) ・・・・・・・・・・・・・・・・・ 108
NLP(Neuro-Linguistic Programming) ・・・・・・・・ 109
コーチング (coaching) ・・・・・・・・・・・・・・・・・・・・ 110
親業 (parent effectiveness training) ・・・・・・・・ 111
マインドフルネス (mindfulness) ・・・・・・・・・・・・・ 112
ＡＢＣ理論 ・・・・・・・・・・・・・・・・・・・・・・・・・・・・・・・・・ 113
うなずき (nod) ・・・・・・・・・・・・・・・・・・・・・・・・・・・・ 114
あいづち (back channeling) ・・・・・・・・・・・・・・・・ 115
オウム返し (back tracking) ・・・・・・・・・・・・・・・・・ 116
自律神経と腹式呼吸 ・・・・・・・・・・・・・・・・・・・・・・・・ 117
目は口ほどにものを言う ・・・・・・・・・・・・・・・・・・・・ 118
「聞く」と「聴く」 ・・・・・・・・・・・・・・・・・・・・・・・・・・・ 119
共感性 (empathy) ・・・・・・・・・・・・・・・・・・・・・・・・・ 120
共感的理解 (empathic understanding) ・・・・・・・・ 121

私・メッセージ（アイ・メッセージ）............... 122
質問 123
アサーティブ (assertive) 124
リフレーミング (reframing) 127
ペーシング (pacing)............................ 128
リーディング (leading) 129
キャリブレーション (calibration) 130
モデリング (modelling) 131
コーピング (coping) 132
スティック・トーキング (stick talking) 133
しぐさの意味 134
笑顔 136
二重否定（ダブル・ネガティブ） 138
沈黙も立派なコミュニケーション 139
コミュニケーションはキャッチボール 140
コミュニケーションの材料 141
コミュニケーションの材料の例 142
類似性の法則 144

先生方へ

アクティブ・ラーニング（active learning) ... 146
学力観の変遷 148
評価規準と評価基準 151
ルーブリック（rubric) 152
構成主義 (constructivism) 154
グループエンカウンター 155
学校カウセリング 156
Cの子どもへの支援 158
10歳の壁 160
参加体験型活動 162
シェアリング (sharing) 164
アンガー・マネジメント (anger management) ... 165
音声言語と書記言語と視覚言語 166
学級通信 167

4本足のにわとり ………………………………… 168
目的と目標 …………………………………………… 170
ハーフのお母さんの話 ……………………………… 171
フィンランドの教育事情 …………………………… 172
スウェーデンの教育事情 …………………………… 175
ニュージーランドの教育事情 ……………………… 178
ドイツの小学校事情 ………………………………… 180

子どもたちへ

12の大切なこと ……………………………………… 184
お父さんとお母さんにきいてみましょう ……… 186
親友をつくりましょう ……………………………… 187
人の話を聴きましょう ……………………………… 188
約束を守りましょう ………………………………… 189
お手伝いをしましょう ……………………………… 190
困っている人を助けましょう …………………… 191
夢中になれること …………………………………… 192
先生のこと …………………………………………… 194
何のために勉強するのか …………………………… 195
将来の夢 ……………………………………………… 196
小さな目標と大きな目標 …………………………… 197
あきらめないこと …………………………………… 198
変えられないこと …………………………………… 199
生まれてきた意味 …………………………………… 200
泣いてもいいんだよ ………………………………… 201
ビニール袋と呼ばないで …………………………… 202
サンタさんの秘密 …………………………………… 204
ヨンタさんの秘密 …………………………………… 205
息子へ ………………………………………………… 206

参考文献 ……………………………………………… 207

保護者の方へ

私は私でいい、あなたもあなたでいい。
I'm OK. You're OK.

私は私でいい、この子はこの子でいい

「自分はだめな母親だ。」そう考えたことはありませんか。実は、ほとんどの母親がこう考えています。「またイライラして子どもを怒鳴ってしまった」、「この子がこうなったのは私のせい」、「私には、親としての資格がない」などと自分を責めることは、ごく普通のことです。身近に存在するあなたにとっての理想のお母さんも、「私はだめな母親だ」と悩んでいたりするものです。イライラしながら一人で育児・家事・仕事をこなし、心身ともに疲れ果てているのは、あなただけではないのです。

でも、そんな時は思い出してみてください。お子さんが産まれたあの時のことを、初めて我が子を抱いたあの瞬間のことを。鮮明に目に浮かぶはずです。私は、この子と出会うために生まれてきたんだと感じたはずです。何があってもこの子を守ろうと誓ったはずです。忘れられないあの瞬間のことを思い出してみてください。親子として出会えたこと自体が奇跡なのです。

あなたは、お子さんにとってかけがえのない唯一無二の存在です。たとえ勉強が苦手でも、たとえ走るのが遅くても、たとえ障害を抱えていたとしても、そんなことはどうでもいいことです。この子を産み、この子が生きていること、そしてこの子のそばに寄り添っていられるだけで、あなたは十分にマルなのです。

私たちは、日常の当たり前のことが、どれだけありがたいことなのかに普段は気づきません。ケガをしたり、病気になったり、災害にあった時にだけ、普段の「生きて存在しているという幸せ」に気づいたりします。「なにげない日常が続くという幸せ」です。

あなたは、十分に頑張っています。自分を責めるのではなく、「私は私でいいんだ。この子はこの子でいいんだ。」と自分や我が子をありのままに受け入れましょう。イライラする自分も当たり前だと受け入れることです。これから母親として、お子さんと一緒に小さな歩幅で歩いていけばいいのです。

あなたにとって大事な人は誰でしょうか。一人だけ選んでください、という問いかけに、日本の母親は、パートナーではなく、一番上の子どもを選ぶ傾向があります。確かに、最初の子ども（第1子）の写真だけが多いと思いませんか。特に、母親は、性別に関係なく最初の子どもに肩入れする傾向があると言われています。こうした場合、第1子が自立して家を出た時に、最初の夫婦の危機がやってきます。核になっていた人間関係がなくなってしまうのです。

この本は、親子間のコミュニケーションをテーマにしています。しかし、親子よりも大切な関係があります。それは夫婦です。子どもはいずれ自立して巣立っていってしまうものです。家族の中心や基本は、親子ではなく夫婦です。子どもの発達にとっても、仲のいい両親の姿を間近で見ることは、意味のあることです。反対に夫婦関係がうまくいっていないと、親子の関係もゆらいでしまいます。

例えば日本では、パートナーを「パパ」、「お父さん」、「ママ」、「お母さん」という役割名で呼ぶことが一般的ですが、これは、「ねえ」とか「おい」と呼ぶことと大差ありません。唯一無二の個人を尊重する姿勢とは、かけ離れています。私の友人は、子どもの前でもお互いを名前で呼び合っていますが、せめて二人きりの時だけでも昔のように名前で呼び合うべきです。これを「照れくさい」と感じるあなたは危険な状態かもしれません。

日本の夫婦は、スキンシップが少ないという指摘があります。お子さんには、いっぱい触るのに、年齢とともにパートナーには触れなくなるようです。スキンシップは、夫婦関係の土台です。手を握るのが難しいようなら、肩に触ることからもう一度始めてみましょう。「疲れたでしょ」とマッサージするのもいいかもしれません。

そして、「がんばったね」と相手を認めたり、「いつも支えてくれてありがとう」と感謝の気持ちを素直に伝えたりすることも忘れないでください。

子どもよりも夫婦

ママの幸せ

　子どもを産んだ瞬間から、母親としての仕事は、24時間絶え間なく続きます。それに加えて、家事などの仕事も今まで通りにこなさなければなりません。睡眠も不十分になりがちです。イライラするのも無理のないことです。

　子育て中は、子どもにばかり目を向けてしまい、ママ自身が自分の心身を健康に保つことをおろそかにしがちです。3食しっかりと食べて、運動すること、それに加えて夢中になって時間が過ぎていく幸せな時間をつくることが大切です。ママが幸せな気持ちだからこそ、子どもも幸せを感じることができるのです。「子どもは宝」といいますが、子どもにとっても家族にとっても、そして社会にとっても「母親は宝」なのです。

　さて、夢中になれることですが、あるママは、昔の楽譜を引っぱり出してきてピアノを始めました。またあるママは、大好きだった小説をもう一度読み返して幸せな時間を過ごしています。ポイントは、それをしているとあっという間に時間が過ぎるということです。できれば、夢中になれることが複数あるといいでしょう。また、親子や夫婦で夢中になれる共通のことがあるのは、最高の幸せかもしれません。一緒にできる共通の趣味です。

　何も高尚なことである必要はありません。時間を忘れてエアキャップをプチプチしたり、セーターの毛玉取りをしたり、ストレッチで体を動かしたり、おしゃべりでもいいのです。時には、家族やファミリー・サポート、一時預かりサービスなどの協力を得て、美容院や買い物に出掛けたり、大好きな店で食事をしたりするのもいいでしょう。そうすることで、イライラがニコニコに変わっていく自分に気がつくかもしれません。

　もちろん、我が子の寝顔を見ているだけで幸せな気分になり、十分に癒やされるという場合には、わざわざ外出して何かをする必要はありません。

子育てをしていると、どうしてこんなにもイライラしてしまうのでしょう。そして、イライラする自分に劣等感や自己嫌悪感を抱いてさらに落ち込んでしまいます。

一つには、母親という仕事が、超過労状態だからです。自分の時間がなくなってしまうのです。学生時代を思い出してみてください。時間に余裕があって幸せだったなあと思うはずです。できるなら戻りたいことでしょう。あの頃に比べると、母親、妻、料理人、掃除人、自治会員、職業人、介護者……と一体何人分の仕事をこなしているのでしょうか。ゆっくりと寝坊できる休みの日もありません。この仕事の多さがストレスとなって、イライラをつくっているのです。それが証拠に、パパが休みの日に一人ソファでくつろいでいると、「私には自分の時間がないのに」と腹が立つはずです。特に真面目で自分のハードルを高くしている人や理想像を追い求める人が、自分のイライラに苦しむようです。

ここで押さえておくべきことは、イライラの原因は、過労、睡眠不足、仕事、経済的不安、夫や姑との関係が主であって、必ずしも子どもではないということです。こうした原因からくるストレスを子どもにぶつけているだけなのです。

また女性は、月経周期が近づくと、癒やしホルモンであるセロトニンの分泌量が減少し、それと反比例するように怒りのホルモンであるノルアドレナリンが増加します。子育て中、特に授乳中は、こうしたホルモンのバランスが崩れる状態が続きます。これがイライラを生み出す生理的な仕組みです。男性もこうした女性の身体の仕組みについて理解しておくべきです。

イライラの解消のためには、夢中になれることに没頭したり、気晴らしをしたりすることです。誰かに相談することも大事です。気持ちを声にしたり、書き出して吐露したりすることでも、心を落ちつかせることができます。

ママのイライラ

なおそうとするな、わかろうとせよ

　登園、登校を嫌がるのには、何らかの理由があるはずですが、本人にもうまく表せないことが多く、仮に本人が理由を言ったとしても適当に答えている場合があります。「ついに来たか」と親のほうも不安になりますが、実は、お子さんの世界観が広がろうとしている証拠なのです。

　大切なことは、その気持ちをなおそうとするのではなく、わかろうとすることです。泣いている時に「泣かないで」と言うのではなく、「つらかったんだね」と言葉を掛けることです。そして、話をじっくりと聴いて共感してあげることです。わかってもらえているという安心感が、子どもを次の段階に進ませます。そういう存在が身近に一人でもいれば、新しい世界に踏み込みやすくなるのです。

　一方、新たに保育所や幼稚園に行くことになったり、先生やお友だちが変わるなど新しい環境に慣れずに泣いたりするのは、1番目のお子さんに多いように思います。最初のお子さんは、いままで大好きなお母さんとずっと一緒にいることができて、おうちが大好きなのです。それなのに、そのお母さんに突然置いてけぼりにされるのです。そりゃあ泣きたい気分です。そこで、泣いたら母親の同情が得られ、おうちに帰ることができるかもしれないと思って泣くのです。これを母子分離不安と言います。

　こんな時は、後ろ髪を引かれる思いかもしれませんが、あとは先生に託し、笑顔でさっさと帰ることです。鬼のような言い方に聞こえるかもしれませんが、この時、決して振り向いてはいけません。お子さんは、泣いてもお母さんが振り返ってくれないこと、おうちに帰れないことを理解してあきらめます。その後、お友だちと遊ぶことも楽しいとわかると泣かなくなります。

　この場合、お迎えの時や帰宅後には、ぎゅっと抱きしめたりしながら、お子さんの話を十分に聴いてあげてください。ここでも基本は、なおそうとするのではなく、わかろうとすることです。

「あなたのお子さんは、どんなお子さんですか。」とたずねられたら何と答えますか。「わがまま」とか「臆病」とマイナス点ばかりが出てくるようなら要注意です。欠点ばかりが出てくるのは、お子さんに問題があるのではなく、あなた自身の受けとめ方の問題である可能性があります。

誰にでも得意なことと苦手なことがあります。算数が苦手でもきっと得意なことがあるはずです。しかし、マイナス思考の人は、いい所を認めず、悪い所ばかりを指摘します。お子さんの作文を読んで素敵な内容や表現をほめることなく、真っ先に漢字の間違いを指摘するようなことを繰り返していると、子どもは自信を無くして萎縮し、自分を肯定できなくなります。子どもが作文を親に見せなくなるのはこうしたことが原因です。

我が家の長男は、3月生まれのうえに幼い時に開腹手術をしたことなどもあって、ゆっくりと行動する子になりました。他の子どものようには走れませんが、幼少時を知っている親からすると、この子の走っている姿を見るだけで幸せな気持ちになれます。

この状況を「何をするにものろま」とマイナスにとらえるのではなく、「何でもていねいにできる」とプラスに変換することで子育てや生活は一変します。「ないものねだり」から「あるものさがし」へ考え方を変えるのです。「これができない」と嘆くのではなく、「これができるようになった」と喜ぶ子育てです。マイナス面に気づいても声に出して言わないことです。プラス面を見つけて声にして伝えるようにします。こうして身近な人に十分に認められた子どもは、やがて自分を肯定し、その自信が新しいことに挑戦する意欲を生み出します。

人は誰でも自分の存在を認められたいものです。欠点を指摘するのではなく、いい所を見つけて伝えてあげてください。親子の会話だけではありません。夫婦の会話も同様です。

自己肯定感（self-esteem）

　自己肯定感という言葉をご存知でしょうか。

　「僕は走るのが速いのがいいところだ」のように自分の資質や能力を肯定する感覚と勘違いされることがありますが、実は、そういうことではなく、自分の存在自体を肯定する感覚のことを言います。自分は存在する意味があるんだ、ありのままの自分でいいんだという存在自体に対する肯定的な気持ちです。

　この自己肯定感は、幼い時にどれだけ「ありのままの自分の存在を受け入れてもらったか」に左右されます。これが十分でないと、何かの資質や能力を発揮して認められたとしても自信が持てません。自分はだめだと簡単にあきらめてしまいます。また挫折感も大きくなります。

　自分という存在の土台がぐらついていますので、誰かに肯定されると自分を好きになれますが、肯定されないと自分には価値がないように思えてしまい、他者の顔色ばかりをうかがう子どもになってしまいます。反対に自己肯定感が高い子どもは、失敗しても正面から立ち向かい、柔軟に回復することができます。うまくいってもいかなくてもありのままのお子さんの存在を受け入れることが大切なのです。

　具体的には、「生まれてきてくれてありがとう」、「あなたがいてくれて嬉しい」、「あなたがいるだけでママやパパは幸せよ」、「大好きだよ」などの言葉を伝えてあげることです。

　そうそう、お子さんに対してだけでなく、両親が互いの存在を認め合い、支え合っている姿を見せることは、子どもの自己肯定感の基礎となります。結婚する時には、「この人と出会うために私は生まれてきたんだ」と感じませんでしたか。これが自己肯定感です。お子さんだけでなく、パートナーにも、「いつもありがとう」、「一緒にいるだけで幸せ」、「結婚できてよかった」などの言葉を恥ずかしがらずに伝えてください。

広報と情報公開の違いをご存知でしょうか。広報は、都合のいいことだけを知らせることです。それに対して情報公開は、都合のいいプラス面も都合の悪いマイナス面もすべて公にすることです。この構造に似ているのが、自己呈示と自己開示です。自己呈示は、自分に都合のいいことだけを自己アピールすることです。それに対して自己開示は、プラス面もマイナス面もありのままにさらけ出すことです。

女性よりも男性のほうが、自己開示力が低いとされています。男性は、他人に自分の弱みを見せることが苦手なようです。反対に自己呈示力は、男性のほうが高いようです。私を含めて男性とは、まったく困った生き物です。

自分のことを話さずに「出身はどちらですか」、「趣味は何ですか」と質問攻めにしてくる人がいますが、これではコミュニケーションは成立しません。だからといって、最初から聞く側が恥ずかしくなるようなことを自己開示する必要もありません。最初はたわいもないことから話しましょう。そして、この人なら大丈夫と確信したら少しずつ内面的なことを話していけばいいのです。例えば、内面的なことを相手に話したとします。すると、相手は「この人はこんなにプライベートなことを私に話してくれる」と受け止め、「私もこの人になら話してみよう」という気持ちになります。これが自己開示の「返報性」と言われるものです。こうした自己開示の交換が対人関係を発展させ、親密な人間関係を築きます。これが、親友関係を構築する基盤になります。親友の成立には、深い内面的レベルでの自己開示の交換が欠かせません。

このように心が通じあい、相手を受け入れている信頼関係をラポール（rapport）と言います。ラポールはフランス語で「橋を架ける」という意味です。二人の間に心の橋が架かっている状態です。自己開示をして、相手との間に橋を架けてみてください。

プラス思考かマイナス思考か

　身近にいる大事な人を一人思い浮かべてみてください。配偶者、親、子ども、友人など誰でもかまいません。ただし、亡くなった方やテレビで見る芸能人は選べません。

　では、その方の内面的な特徴を思いついた順番に箇条書きで紙に書き出してみてください。「肌が白い」というような外見的な特徴ではなく、「やさしい」や「思いやりがある」のような内面的な特徴です。時間は3分間です。3分したら、書き出した一つ一つに記号を付けます。これはあの人のいい点だということには○を、これは直して欲しい悪い点だということには×を付けてください。△は付けることができません。これで終了です。

　これは、プラス思考かマイナス思考かを調べるテストです。まず、総数が5個以内の方は、その人への愛情が不足しています。日常的に相手の○を見つけるようにしましょう。配偶者がいるのに配偶者を選ばなかったあなたは、子どものことを心配している場合ではありません。夫婦の危機です。子ども（特に第1子）を思い浮かべた人は多いはずです。しかし、子どもは、いずれ親から離れていきます。家族の核は夫婦なのです。

　次に、最初にあげたことは、○でしたか。それとも×でしたか。第一印象に当たる最初の項目は、○が好ましいと言われています。直前に喧嘩をした場合は、×がくることもありますが、そうでなければプラス思考の人は、最初に○のことがらを書き出します。

　○は、全部でいくつありましたか。プラス思考の人は、×の5倍以上の○をあげると言われています。実は、×の大半は、自分にも共通する×です。こうした×は、忘れてしまいましょう。

　総数6個以上で、1個目が○で、×の5倍以上の○があった方がプラス思考になります。コミュニケーションは鏡です。○が多かった場合、思い浮かべた相手もこちらに対して○が多いはずです。時々、ご自分の状態を確認してみてください。

「ママ、見て」幼い子どもは、絵を描くとママに見せにきます。自分一人でニヤついて満足している子どもは滅多にいません。どうして見せにくるのでしょうか。それは、自分を認めて欲しいからです。高齢者は、なぜボランティアをするのでしょうか。まだ社会の一員として役に立つことを認められたいからです。暴走族のお兄ちゃんは、なぜ人が集まる所でエンジンをふかすのでしょうか。透明だと感じている自分の存在を誰かに認めて欲しいからです。

しかし、その認め方が重要です。運動会で一等賞をとった時のように、すごいことをした時にだけ認めるのはよくありません。特別な時にだけ認めると、自分の長所はこれだと意識するようになり、年齢が上がって一等賞が取れなくなると、転がるように挫折感につぶされてしまいます。自分の長所が、まわりに認めてもらえる最後の砦になっていたのに、それがなくなってしまうからです。認めてもらっていた自分の長所がなくなり、自分の存在理由がなくなってしまったように感じるのです。

一方、親に自分を否定され続け、認めてもらえなかった子どもは、まわりを否定するようになります。親の真似をするのです。そして思春期にさしかかると、親の代わりに自分を認めてくれる人を探すようになります。出会い系サイトを利用する子どもたちの調査でわかってきたことですが、出会い系サイトを利用するようになった理由のうち、「自分を認めてくれる人に出会いたいから」という理由は、上位にあがっています。

ではどうすればいいのかというと、特別な時にだけ認めるのではなく、日常的に数多く認めることです。一つの大きな砦を築くよりもたくさんの小さな砦を築くのです。また、何も能力を発揮していない時でも存在自体を認めることです。「生まれてきてくれてありがとう」です。これが子どもの存在自体を認めることになり、簡単には挫折しない子どもになります。

認められたい

賞賛と勇気づけ

　子育てにおいては、ほめることや賞賛をやめて、勇気づけをすることが求められています。アドラー心理学の影響でもあります。

　しかるのもほめるのも、上に立つ側が相手を思い通りに操ろうとする意図があり、両者の間の上下関係を肯定するだけなのです。ほめることは、上から目線で相手を評価し、賞賛することです。一方、勇気づけは、対等な横から目線の言葉掛けです。上から目線で「お前ならできる」と大声を出すことではありません。

　勇気づけとは、相手を尊重し共感する態度のことでもあります。賞賛は、能力を発揮した子どもにしか与えることができませんが、勇気づけは、すべての子どもに与えることができます。賞賛は、他人との比較によって発生しますが、勇気づけは、その子の中の以前の状態と比べた成長を認めることになります。賞賛を用いると他人からの評価で動く子どもになりますが、勇気づけを用いると自分から主体的に動く子どもになります。

　具体的な勇気づけには、いくつかの要点があります。

　まず、「○○ちゃんのしたことは○○だからいいと思うよ。」のように理由をあげて勇気づけることです。「いろいろ試して工夫したからできたんだね。」のように、結果だけでなく、プロセスを認めて勇気づけるようにすることです。その他、「前はできなかったのにできるようになったね。」、「手伝ってくれてありがとう。すごく助かったよ。」、「あなたががんばっているのを見て、お母さんもやる気が出てくるわ。ありがとう。」、「おはよう！元気な○○ちゃんをみてママも元気になる。」、「ママがつくったご飯をいっぱい食べてくれてありがとう。」などと伝えてあげることです。

　勇気づけで誰かを支援すると、仲間の役に立ちたいという「共同体感覚」が生まれてきます。団体競技で幸福な気持ちを感じることができるのは、この共同体感覚のせいです。むずかしいことかもしれませんが、賞賛ではなく、勇気づけを心がけるようにしましょう。

「内発的動機づけ」と「外発的動機づけ」

　子どものやる気を引き出す動機づけには2種類あります。「内発的動機づけ」と「外発的動機づけ」です。

　内発的動機づけは、子どもの内面に湧き上がった興味・関心・意欲のことを指します。この動機づけは、質が高く、持続すると言われています。

　それに対して「外発的動機づけ」は、外部から刺激を与えて意欲を引き出すやり方です。外部からの刺激とは、アメ（ほめる）やムチ（しかる）でやる気を出させようとする方法です。何かお手伝いをしてくれたり、テストでいい点を取った時にごほうびを与えたり、うまくいかなかった時に罰したりという戦国大名のような評価方法は、最初は意欲につながるのですが、すぐに意欲が低下してしまいます。相手がほめてくれるから行動するというのは、主体的な意欲にはつながらないのです。

　ごほうびや罰を与えるなどの外発的動機づけを行うことによって意欲が下がることをアンダーマイニング効果（undermining effect）といいます。「弱らせる、弱体化する」という意味です。他にも、締め切りの設定、目標の押しつけ、評価の予告、否定的フィードバック、指示命令、競争などに対しても意欲が下がることがわかってきています。試験があるから勉強している場合、試験が終われば勉強はしません。そして、試験のために勉強したことは、試験が終わればすぐに忘れてしまいます。

　一方で、刺激によって意欲が高まることをエンハンシング効果（enhancing effect）と言います。資質や能力を「高める、強化する」という意味です。子どもが選択できる仕組みが確保されていると意欲は高まります。一般的に、精神的なご褒美（認められる、感謝される、励まされる）の場合はエンハンシング効果が働き、物質的なご褒美（金銭、品物など）の場合にはアンダーマイニング効果を引き起こしやすいと言われています。

父親の役割

子どもにとっての父親は、母親のように身近でやさしい存在ではありません。日本の小説や映画の世界でも、家庭より仕事に精を出し、無口で威厳のある父親像が典型像として扱われてきました。いわゆる厳父です。現代の父親にもこうした遺伝子は受け継がれていて、普段は何もせず、何かあった時にだけ厳しくしかるのが、父親の役目と考えている人々がいます。命令口調で子どもを脅す父親は、この考えの後継者です。

こうした父親は、思春期の頃になると子どもにそっぽを向かれ、会話さえしてもらえなくなります。父親から子どもが相手をしてくれないという相談をしばしば受けますが、大抵は今までの子どもに対する考え方や態度が原因です。上から目線の父親とは、コミュニケーションが成り立たなくなるのです。それでも小学生の時は、我慢して応対してくれますが、中学生になる頃に我慢ができなくなってしまうようです。父親とは、一緒に出掛けないし、ろくに話もしないというのが一般的になります。

それに対して、妻に先立たれた父親は、少し様子が異なります。母親の役目も抱え込むことになるからです。例えば、小津安二郎監督の映画『父ありき』（1942年）や重松清の小説『とんび』（2008年）がその代表作です。ここでの父親は、威厳のある父親像だけでなく、不器用ながらも母性的役割をこなしています。

父親は、子どもを産むことができません。しかし、それ以外のことは、すべて父親にもできます。授乳も哺乳瓶でできます。子育てを母親にだけ押しつけるのではなく、何でも手伝ってやってみることです。自分は、普段仕事をしているから家では休みたいと主張する父親がいますが、母親は、365日休みなく家事をし、母親業をしています。それに加えて現在では、半数以上の母親が、仕事を持っています。仕事をしながら、家事をこなし、子育てをしているのです。母親業のお手伝いをするべきです。

日本の母親の家事労働時間や育児時間は、諸外国に比べて少し長いようです。一方で父親の家事労働時間や育児時間は、諸外国に比べて圧倒的に短いのです。つまり、母親にだけ過度に負担がかかっているのが日本の子育てです。

　母親にだけ偏る家事・育児の負担を分担することはいいことですが、子育てにおいても家事においても無理に役割分担をする必要はないと思います。これは母親の仕事、これは父親の仕事と区分けせずに、その時の事情によって助け合うことを目指しましょう。料理にも挑戦しましょう。父親が調理している姿を子どもに見せることは、子どもの教育にとって欠かすことのできないことです。

　その他、具体的な内容ですが、妊娠中は、両親学級に都合をつけて参加しましょう。『父子手帳』を手に入れましょう。飲み会はできるだけ断り、早く帰宅するようにしましょう。検診や出産に立ち会いましょう。誕生後は、育児休暇を取得しましょう。育児休暇を取得する場合は、職場での情報の共有化を進め、自分にしかわからない仕事を無くすようにしましょう。パパ友をつくりましょう。家族ぐるみで交流する家族を見つけましょう。地域の病時・病後児保育について調べましょう。ファミリーサポートセンターに登録しましょう。

　しかしまずは、否定したり、批判したり、指摘しないでパートナーの話を毎日聴きましょう。上司や友だちではなく、妻のカウンセラーになったつもりでうなずきながら話を聴きます。母親は、これだけでおだやかな気持ちになれます。

　子どもが大きくなっても、サザエさんの波平さんのような大声で怒鳴るこわいお父さんを子どもたちは望んでいません。何でも相談できるお父さんや「何があってもお父さんはキミの味方だからね。」という言葉を心底から言ってくれるような父親を求めています。ホームドラマやアニメにだまされないようにしましょう。

きょうだいげんかの意味

　兄妹・兄弟・姉妹・姉弟によるきょうだいげんかの多くは、親、特に母親の注目を引くために起こると言われています。きょうだいげんかをすると、母親がすぐにかけつけてきてかまってくれます。この母親の注目を得ることが、きょうだいげんかの本当の目的だと言われています。本人たちは、無意識にわけもわからずけんかしているだけだと思いますが。

　つまりきょうだいは、母親の愛情を取り合うライバルなのです。特に、3歳くらいしか年齢が離れていない同性の兄と弟、姉と妹は、ライバル意識が強くなると言われています。5歳も6歳も年齢が離れた異性の兄妹の場合には、ライバル意識が起きにくいようです。反対に双子や年子なら完全な競争相手です。ですからこうした年齢構成の場合、日常生活においては、つとめて比較しないことです。ちなみに、このライバル意識は、生涯にわたって継続することもあります。年をとって久しぶりにきょうだいに会うと「うちの夫は、うちの子どもは」と夫や子どもは、姉妹のライバル心のまな板にのせられる材料になってしまうのです。

　きょうだいげんかは、社会でのトラブルの対処法を身につける家庭内でのトレーニングであり、社会性を学ぶための大切な機会になります。このようにきょうだいげんかをポジティブに受け止め、親は、きょうだいげんかを見守りましょう。

　しかし、頭ではわかっていても、そんなにおだやかに見守ることはできないかもしれません。そばにいるとどうしても巻き込まれてしまうはずです。例えば、けんかの仲裁に入ることは、けんかに参加することになります。私のお薦めは、きょうだいげんかが始まったらそっとその場を離れるということです。それに、いつもはおだやかなお兄ちゃんが鬼のような形相で怒鳴ったり、弟が泣きながらお兄ちゃんをたたいたりする様子なんて、親としては悲しくなるだけなので見ないほうが幸せです。

自分の感情を表出することは簡単ですが、相手の気持ちを押しはかるのは、子どもには難しいことです。そのトレーニングがきょうだいげんかです。

　このトレーニングの最中には、親は介入すべきではありませんし、できるだけグッとこらえて見守ることが基本です。しかし、けがが心配されるほどの事態になった時には、もちろん止めてください。割って入るというより、別の方法を使って停戦に持っていく方法もあります。例えば、「おやつの時間だよ。一緒に食べるならおいで」と声を掛けると、停戦して飛んでくることがあります。「誰か、手伝って」でもいいでしょう。

　しかし、こうした対処策よりも大切なのは、予防策です。子どもが一人きりになった時に「抱っこしてもいい」と言って近づき、「大好きだよ」と言いながら笑顔で抱きしめてあげることです。大好きな母親に抱きしめてもらうことで、子どもは無限の愛情を感じ、その満足感によって子どもの心はおだやかになります。これを継続することで、ライバルであるきょうだいに対しても優しくなることができるようになります。ママに愛されているのですから、もはやライバルに対抗する必要はないのです。

　ここでのポイントは、上の子も下の子も同じように抱きしめる時間を十分に確保するということです。というのも、親は、下の子をかわいがってしまう傾向があります。口には出さなくとも、心の中で下の子のほうが愛おしいと感じているママやパパは多いのではないでしょうか。人間には、下の子を愛おしいと感じる本能が仕組まれています。けんかの際に下の子の味方をしてしまうのは、ある意味仕方のないことなのですが、抱きしめる時間は平等でお願いします。また、親には、異性の子どもを愛おしいと感じる傾向もあります。小さいうちは、特にそうです。ママは息子を、パパは娘を味方にしたがります。これも本能なのです。これも公平でお願いします。

きょうだいげんかの対応

学校に行きたくない

　最近、表情が暗いな、元気がないな、学校のことを話さなくなったかな、と思っていたら、ある朝突然に「学校に行きたくない」と子どもが言い出します。理由を尋ねると何か直近の出来事を答えたりしますが、大抵は、これが原因ではありません。

　例えば、夏休み明けに友だちにからかわれたことを理由に学校に行けなくなったＡくんは、その友だちが家まで来てあやまり、仲直りをしました。すると今度は、別の理由を言い出しました。しばらくして、弟も学校に行けなくなりました。おそらく原因は、他にあるのだと思います。夏休みに兄弟げんかが激しくなったことから母親への愛情を求めていることが推測されます。母親が働き出したことによって、夏休みは兄弟で家にこもっていたことも気になります。仕事を休むことができないため、母親は、二人を車に乗せて無理やり学校に連れて行きますが、駐車場で修羅場状態になります。「お母さんのうそつき」と言って二人が母親に殴りかかってくるのです。子どももお母さんもどんなにつらく苦しいことでしょう。

　不登校傾向には、母親から離れることを不安に感じる「母子分離不安型」（幼稚園や１、２年生に多い）、真面目で優秀な子どもが突然落ち込む「情緒混乱型」、自立心が育っていないために逃避に向かう「甘え依存型」、何事にも無気力な「無気力型」、他者とのトラブルが原因となる「人間関係型」などいくつかのタイプがあり、それぞれに対応方法が異なります。また進行度によっても対応が変わります。自傷行為や、拒食や過食等の症状を伴う場合もあります。発達障害や精神疾患と関連しているややこしい場合もあります。自分一人で悩んだり、調べまわったりする前に学校や専門機関に相談してみてください。

　また、私のところに相談にいらっしゃる不登校のお子さんの８割は、最初のお子さんです。しかも男の子が圧倒的に多いです。親は、「休むと勉強がわからなくなるよ」と脅し文句を使って学校に行か

せようとしますが逆効果です。昔は、引きずってでも学校に連れて行ったものですが、これをすると、問題はより深刻化します。無理やり連れて行っても欠席日数が1日減るだけで、この子の将来にとって何の役にも立ちません。特に頭痛、腹痛、発熱、吐き気などの身体症状が出ている場合には、休んでいいと伝え、不安な気持ちを落ち着かせてあげましょう。本人も簡単に言葉にできるわけではないので、原因を根掘り葉掘り聞くのは避けます。また、一連の話の最後にアドバイスをしたり、行動を指示したり、命令や脅しをしないことです。お父さんは、普段何もしてくれないのに、こういう時に「わがままだ」とか「甘えるな」と子どもを責めます。これは論外です。

　それよりも、自分が若い頃に悩んでいたことや失敗したことなどを子どもに話して、人には失敗やつまずきが必ずあることを伝えてください。抱きしめたり、笑顔で楽しかった思い出を話したり、出産時の自分の気持ちを話すなど母性的なかかわりで接してあげてください。調理や掃除など日常生活の基本的な家事を子どもと一緒に行うのもいいことです。何かを最後までやりとげた成功体験がビタミン剤になるので、長時間の単純作業となるパズルをしたり、造形遊びをしたりすることを特にお薦めします。

　不安感から逃げるため、テレビやゲームやネットに没頭し、それによって睡眠障害が起き、昼夜逆転の状態になることもあります。こんな時は、お父さんとキャッチボールをしたり、釣りをしたり、野外でバーベキューをしたり、サイクリングをしたりしてアウトドアに子どもを連れ出すことが効果的です。

　不登校の子どもが復学する鍵は、人間関係の改善です。フリースクールで、同じような経験をした人に出会うなど、人間関係が糸口になって回復できることがあります。しかし、人間関係の最も大きな柱は、母子関係です。「どんなことがあってもお母さんはあなたの味方だからね」という考えで行動してください。

イヤイヤ期の意味

　赤ちゃんの時は、自分が望んでいることをママが感じ取ってかなえてくれます。まさにママと一心同体の時代です。

　その後、2歳が近くなると、天使のようだった我が子が、ママから自立し、自己主張をするようになります。「イヤだ」、「自分で」の連発です。何をするのにも今までの倍の時間がかかってしまいます。これがイヤイヤ期です。日本ではイヤイヤ期と呼びますが、「魔の2歳児 (terrible two)」と呼ぶ国もあります。世界中の子どもたちが同じように通過する発達段階の一つなのです。自我が芽生えることによる最初の反抗期です。

　わが家では、この時期をイヤイヤ星人と呼んでいます。理解しがたい宇宙人のような存在だからです。そして子どものイヤイヤ期が始まると、大人もイライラ期を迎え、疲れ果てることになります。ひどい時には、発作的に子どもに暴力を振るってしまう場合もあり得ます。これだけは、避けなければなりません。将来、子どもに悪影響が出ることもあるからです。

　しかし、子どもは親を困らせようと思って「イヤ」と言っているわけではありません。やりたいことや言いたいことが山ほどあるのに、自分でうまく表現できないもどかしさを「イヤ」という単純な言葉で表現しているだけなのです。伝わらないもどかしさによって泣き叫ぶだけなのです。自分の気持ちや行動を制御するトレーニングの段階に入っただけの話です。

　「甘やかし過ぎたんだ」とか「この子はかんしゃく持ちだ」と思い込んで悩む人がいますが、そんなことはありません。むしろ、いままでの子育てが順調だったのだと喜ぶべきです。

　イヤイヤ期は、ずっと続くわけではありません。語彙が増え、自分の考えを伝えられる3歳頃になると自然とおさまっていきます。大変ですが、自立への一歩を踏み出したのだとポジティブにとらえ見守りましょう。

子どもがイヤイヤ期を迎えたら、大人はどのように対応したらいいのでしょうか。

基本は、『楽しいムーミン一家』のムーミンママのような穏やかな気持ちで子どもに接することです。ムーミンママのような寛大な心で見守ってくれる案内人がいれば、子どもは、安心して先に進むことができます。

反対に威圧的に禁止、命令を発するのは逆効果です。従わせようとすると余計にイヤイヤが激しくなってしまいます。まず「そうだよね、自分でやりたいよね」と子どもの気持ちを受け止めてあげましょう。わかろうとしてくれているという思いが安心感につながります。なおそうとするのではなくわかろうとすることです。

「赤にする？青にする？」、「ご飯がいい？パンがいい？」というように子どもに選択させることも効果的です。自分で決めることも自己主張の一つだからです。ただし、選ばれて困ることは選択肢に入れないようにしてください。

別のモノで気をそらすという方法もありますが、本質的な解決策ではありません。時間が許すなら、やりたいように最初からやり直させてあげるくらいの気持ちが必要です。

イヤイヤ期は、自分の考えを伝えるために言葉を学びたい時期でもあります。例えば、絵本の読み聞かせや会話を十分にしてあげることです。また、日頃から子どもの話をじっくり聞いてあげてください。そうすると、わがままな自己主張だけでなく、相手の話を少しずつ聞くようになります。

イヤイヤは眠い時にひどくなったりします。規則正しい睡眠も大切です。また、ママだけでなく、まわりの大人が子育てに関わり、そうした中で様々な対応を学ぶことも大事なことです。時には、無理なものは無理だと親も毅然とした態度で自己主張することを忘れないでください。

イヤイヤ期の対応

いい子を演じる子ども

　学校にいけなくなった小学生、中学生の中には、いわゆる「いい子」だった子どもが少なくありません。親の顔色をうかがい、親が求めるように動き、親の信頼を得ようとする子どもです。自分の感情を抑えて、いい子を演じている偽りの状態です。問題なのは、演じているということです。自分の本心とは違うのです。

　親からすれば、素直で何の問題もなく育ったまさにいい子なのですが、こうした子は、将来にわたって様々な問題と向き合うことになります。一番上の子に多いと言われています。大学生になって親から離れて一人暮らしをすることになって、初めていい子を演じていたんだと自覚することもあります。実は、私もそうだったのですが、いい子を演じている自分は偽物の自分で、本当の自分はどこか別のところにいる、今の自分は違う自分だといつも感じていました。私も長男でした。最近は、いい子症候群という呼称で呼ばれることもあります。

　「あなたなら一番になれる」と親から過剰な期待をかけられた子どもは、いつも緊張し、過剰なストレスを抱え込むことになります。親の期待に応えている間はいいのですが、親の期待に応えたい気持ちとうまくいかない現実との間で板ばさみになると、感情のコントロールができなくなり、引きこもったり、暴力を振るったりするようになります。うつ病の要因の一つと指摘する人もいます。カール・ロジャーズは、本心と現実の経験がかけ離れたこうした状態を不一致と呼びました。不一致によって心理的な不適応の問題が生じてくると彼は述べています。

　命令口調の親は少ないかもしれませんが、無意識に自分の子どもをコントロールしている親はほとんどだと思います。いい子を演じていた子どもが、大人になっていいママを演じている場合もあります。お子さんの本当の姿のために、何がいいことなのかをよく考えてみてください。

人間は、大人になってからも傷ついた子ども時代の自分と同居しながら日常生活を送っています。子ども時代の記憶は、何かの折に思い出すことがありますが、はっきりと思い出すことができなくても、自分の潜在意識にちゃんと残されているものです。これをインナーチャイルドと言います。

インナーチャイルドは、「内なる子ども」と訳されることもあります。現在の自分が感じる生きづらさが、子ども時代に受けた心の傷に端を発しているとはなかなか思いません。しかし実際には、インナーチャイルドが、大人になった自分に多くの影響を与えています。否定的な言葉掛けを繰り返され、心が傷ついた子どもは、大人になっても心の中の傷ついたままの子どもと一緒に生活しています。その結果、自分に自信がない、自分を好きになれない、他人を信頼できない、何をするにも不安といった心情が現在の自分を支配することになります。

目を閉じて、幼い頃のことを思い出してみてください。つらい目にあっている自分を思い出したくないかもしれませんが、勇気を出して見つけてあげてください。ひどい言葉を掛けられ、傷ついている自分、両親のケンカを黙って見ている自分、暴力を受けて泣いている自分、迷惑をかけてはいけないと我慢している自分などです。見つかったら現在の大人の心でインナーチャイルドに「あなたは何も悪くない」と何度も伝えてあげましょう。自分自身でインナーチャイルドを癒やしてあげるのです。

子どもの心の中には、本来、ワンダーチャイルドが住んでいます。ワンダーチャイルドは、「本来の自己」のことです。インナーチャイルドは、ワンダーチャイルドが傷ついた状態です。インナーチャイルドを癒やすと、「好奇心、創造性、喜び、愛情」といった子どもの本質を持ったワンダーチャイルドが姿を現し、より能動的な考えを増やしていくことができます。

インナーチャイルド

過保護と過干渉

　過保護は、子どもの望みをきき入れすぎて、甘やかしてしまうことです。時には、わがままさえ受け入れてしまいます。望んでいることを親がかなえてくれるのですから、子どもにとっては、こんなに幸せなことはありません。ただし、家であればダダをこねれば自分の思い通りになりますが、家の外では、そういうわけにはいきません。それが原因で感情をコントロールできなくなり、キレることもあるかもしれません。『ドラえもん』のスネ夫のママは、ざあます口調でスネ夫を甘やかしていますが、過保護の可能性があります。

　一方、過干渉は、子どもの本音を聞こうとせず、親主導で進めていったり、あるいは、子どもの望みを我慢させて、子どもが望んでいないことを無理やりやらせたりすることです。自分がいいと考えたことを操り人形のように子どもにさせ、親の意のままに子どもを支配している状態です。子どもには、当然ストレスがたまります。そして、ストレスが許容量を越えたある日、ドカーンと爆発してしまうこともあります。

　子どもに対して過度の干渉があると、子どもは親の愛情を失うことを恐れて、親の顔色をうかがったり退行現象に陥ったりします。まとわりつくように先生のそばにいて、友だちの中になかなか入っていけないお子さんは、過干渉の可能性があります。こういうお子さんが、「ママ、これで遊んでいい」と、毎回確認してくるようになったら要注意です。親の評価、親の顔色をうかがう傾向が強まっています。将来、指示待ち人間になるかもしれません。指示待ち人間は、DNAレベルでつくられるのではなく、子ども時代の親子関係によってつくられます。

　親は、子どもをしつけるのが仕事ですから、干渉のすべてが悪いわけではありません。度を過ぎた過干渉がいけないのです。また親の多くは、自分の考えた通りになった場合、ほめ言葉やモノを買い与えるなどして、過剰な賞賛を与えます。スネ夫のママは、何かに

つけ、スネ夫に最新のラジコンなどのご褒美を買い与えます。子ども
が、こうした親の過保護や過干渉に慣れてしまうと、自立心が育
たず、主体的な行動ではなく、親の評価に過敏になります。つまり、
親の顔色をうかがい、ほめられるための偽りの行動をするようにな
るのです。

　例えば、夫が仕事一筋で家庭や子育ては、妻まかせという場合に
は、妻の寂しさや不安が子どもに向けられ、その結果として、過保
護や過干渉に陥る場合があります。また、妻の子ども時代に両親（子
どもの祖父母）からの愛情が不足していた場合にも、自分がしても
らえなかったことを、我が子にはさせてあげようと過保護や過干渉
になることがあります。

　過保護と過干渉の違いが、あいまいになってきたかもしれません
が、過保護は、子どもが親に要求し、それを親がかなえてあげるこ
とです。それに対して、過干渉は、親が子どもに要求し、それに子ど
もが従うことです。過干渉は、子どもを一人の人間として尊重して
いない接し方にあたるかもしれません。

　過保護は、子どもが欲求を満たしているわけですから、子どもに
とって、必ずしも悪いことではないと考えることもできます。それ
に対して過干渉は、自分の本心と自分がしている経験が一致してい
ませんので、将来にわたって様々な問題を引き起こす可能性を秘め
ています。

　日本では遠慮や謙遜が美徳とされていますが、親子関係において
は、遠慮や謙遜という関係はあまりありません。しかし、特に過干
渉の場合には、子どもに対してもっと遠慮をして見守るべきなので
す。過干渉でなくとも、子どもができないことを予期して手を貸す
「先回りの子育て」は子どもの考える力や成功体験を奪ってしまい
ます。子どもから「助けて」と言われない限りは我慢して手を出さ
ない「見守る子育て」や「寄り添う子育て」に改めたいものです。

「がんばれ」ではなく「がんばってるね」「がんばったね」

　私には、中学生の時、不登校ぎみの時期がありました。理由は、あれだろうと思うものがあるのですが、本当のところは、いまでもよくわかりません。いろいろな厄介なことから逃げていたことだけは確かです。

　そして、当時の私が最も嫌いだった言葉が「がんばれ」でした。その頃の私は、弱い人間に見えたかもしれませんが、私なりに精一杯努力していたのです。そんな私に人々は、「がんばれ」という言葉を掛けました。「がんばれ」と言われると、「まだだめだ」や「努力が足りない」と否定されている気がして、ますますしんどい気持ちになりました。言っている本人は、励ましているつもりでも、言われた本人は、認められていないと誤解してしまう厄介な言葉が、「がんばれ」なのです。

　失敗した人も病気の人も、実は、みんな必死でがんばっているのです。ただ、他の人と同じようには上手くいかないだけなのです。「がんばれ」は、時に残酷な言葉になるのです。

　あれ以来、私は「がんばれ」という言葉を一度も使ったことがありません。子どもたちにも大学のゼミの学生たちにも一度も言ったことがありません。あの時、決して使わないと心に誓ったからです。自分で言うのも何ですが、まったく頑固な性格です。

　その代わりにがんばっている様子を見たら「がんばってるね」、がんばって結果が出た後に「がんばったね」、「がんばってきたんだね」という言葉を掛けるようにしています。こちらは、純粋に人を認め、肯定する言葉として伝わるからです。

　小さな子どもに「がんばれ」という言葉を掛けるのは、まったく問題ありませんが、思春期が近づき、いろいろと自分で悩む時期に差しかかってきたら「がんばれ」という言葉ではなく、「がんばってるね」や「がんばったね」、「がんばってきたんだね」という言葉を掛けてあげてください。

子どもの頃に親にたたかれたことはありますか。けとばされたことはありますか。怒鳴られたことはありますか。そして、その時の気持ちを思い出すことができますか。なぜ、そんなことになったのかを思い出すことができますか。

　不思議なことに、大抵の人は、その時に悲しかったことや嫌だったことを思い出すことはできるのですが、なぜ怒られたのかを思い出すことはできません。親は、この子の心を正そうと感情的に怒るのですが、子どもには伝わっていないのです。このため、子どもは怒られても自分の行動を修正しようとはしません。子どもは、感情的に怒られたことだけを潜在意識に押し込めてしまうのです。ずいぶんと後になって、自分が親になり、子どもがいらだつ行動をした時に、潜在意識に封印した怒りが突然現れ、親が自分にしたあのいまわしい行動を自分の子どもにも同じようにしてしまうのです。なぐられた子どもは、親になって自分の子どもをなぐります。怒鳴られた子どもは、怒鳴る親になります。そして、自己嫌悪に陥ります。

　こうした感情を抑える方法があります。感情は、脳内の扁桃体という1.5cmほどの原始的な器官が司っているのですが、ここに働きかけるのです。まずは、腹式呼吸です。鼻から息を吸って、口から息を吐きます。できるだけ吐く時間を長くしてください。もう一つは、笑顔です。怒鳴りたくなったらつくり笑いをしてください。本来は、脳が楽しいと認識すると口角を上げて笑うのですが、先に身体でつくり笑いをすることで、脳が「楽しいのかも」と錯覚するのです。これをエンボディメント（身体性）と言います。これを一度にやります。まず、鼻から大きく息を吸い込み、口を少し開けて息を吐き出しながら口角を上げて笑います。これで、感情を抑えることができます。怒鳴ろうとしていた子どもの顔を見ながらこれをすると、子どもが困惑した顔をします。それを見て本当に笑ってください。怒りたくなった時だけでなく泣きそうになった時にも使えます。

感情的にならない

読み聞かせ

　親子にとって大切な時は寝つく時です。今日のことを振り返ったり、お話をしてあげたり、絵本を読んであげたりして子どもと触れ合う大切な時間です。一日の最後が幸せだと、次の日の朝も幸せな気持ちで目覚めることができます。最近、赤ちゃんと親が、語り合うようにしながら赤ちゃんの素肌をなでたり、マッサージをしたりするタッチケアが話題になっていますが、タッチケアをすると、子どもがうそみたいによく眠ります。

　しかし、やはり基本は、絵本の読み聞かせでしょう。読み聞かせは、音読ですが、音読というのは脳の前頭前野という部分を活性化させます。この前頭前野を鍛えると、感情や記憶のコントロール、思考力、集中力が上昇すると言われています。

　読み聞かせには、抑揚をつけずに淡々と読んだほうが、子どもが想像力を発揮しやすくなるという考え方と、声色を変え、感情を入れて抑揚をつけて読んだほうが、子どもの感情表現を豊かにするという二つの異なる考え方がありますが、私は、演劇をやっていたせいか、感情を込めて読むようにしています。こちらのほうが子どもの反応がいいからです。

　それから大事なのは、読み聞かせの姿勢です。保育所や幼稚園では、一対一ではないため、紙芝居のように対面に座って読み聞かせをすることが一般的ですが、家庭で読み聞かせをする場合には、対面ではなく、膝の上に子どもを座らせて読み聞かせをすることをお薦めします。こうすると、子どもの体温やびっくりした時の心拍や興奮して体を揺する動きなどが足やお腹に伝わります。これも大切な親子のコミュニケーションです。

　読み聞かせによって、子どもとの話題の共有が生まれます。普段の生活の中で、ふとした時に絵本の内容で話がはずんだり、読み終わった後に、お話の続きを考えてみたりして、読み聞かせの続きを楽しんでみてください。これが読み聞かせの真骨頂です。

＜子どもの体温を感じながら膝の上で読み聞かせ＞

　読み聞かせによって、語彙が豊富になると、自分の気持ちを伝えやすくなるため会話が上達します。これによって、伝えたいのにうまく伝えられないもどかしさからくるイライラも減ります。

お話リレー

「むかしむかし、森の中にウサギのぴょこが住んでいました。はい、かりんちゃん」、「お天気がいいので、ぴょこは、お山にピクニックに行くことにしました。はい。パパ」、「ぴょこは、お弁当に大好きなボリジの葉っぱとにんじんを持ってピクニックに行きました。はい、かりんちゃん」、「しばらく行くと、猫のジルに会いました。ぴょことジルは、一緒にピクニックに行くことにしました。はい、パパ」、「しばらく行くと、しかのしーちゃんにであいました。はい、かりんちゃん」……

　これは、私と娘の果林が、寝る前にする儀式のようなものです。ぴょことジルは、飼っているうさぎと猫の名前です。二人でお話を少しずつつくって、相手にバトンを渡すのです。我が家では、「お話リレー」と呼んでいます。眠る時だけでなく、遠出した時の車の中ですることもあります。「私は誰でしょう」や「しりとり」と同じくらい人気があります。

　感動的な名作になることもごくまれにあるのですが、たいていは、「みんなでスーパーで買い物をして家に帰りました。」のような生活感の漂う話になって終わってしまいます。このように子どもの現実が反映されているので、不思議なことに、しんどいことがあると、悲しい結末になり、うれしいことがあった時には、楽しい結末になります。お話リレーによって、今は誰が大切な友だちなのかもわかってしまいます。時には、誕生日のプレゼントに何が欲しいのかも判明します。

　こうした想像力を培うには、暗闇が最適です。明るくしないと寝つけない子どもが多いのですが、就寝時は、部屋を暗くすることをお薦めします。これによって、暗闇を跋扈するお化け、妖怪、魔法使い、妖精もいつでも見えるようになります。すべて想像力のおかげです。またこうした想像力が、人の気持ちを考え、相手を思いやる気持ちの源になると言われています。

指しゃぶりは、お腹の中の赤ちゃんもします。母乳を吸う練習をしているのだと言われています。つまり、指しゃぶりは本能的な行動なので、3歳頃までについては無理に止めさせないというのが一般的な考え方です。不安やストレスをやわらげる効果もあります。そして段々と、退屈な時や眠い時にしかしなくなっていきます。しかし、4歳以降も日常的に続く場合があります。4歳以降も続く指しゃぶりの原因には、欲求不満、子育て環境、人工栄養、単なる癖などの諸説があります。

小児歯科医や矯正歯科医は、「4歳半から5歳をすぎたら指導したほうがよい」という見解をとっています。この時期の指しゃぶりには、歯並びや噛み合わせへの影響だけでなく、サ行、タ行、ナ行、ラ行がうまく発音できない、口が開くことで口呼吸となり、口の中が渇き、虫歯になりやすくなるなどの問題があります。吸う力が強いと指にタコができる子どももいます。

以前に、5歳になっても指しゃぶりが止まらないお子さんのママに宿題を出しました。指しゃぶりをしている時の家の中の様子を夫婦で観察してくださいというものです。その結果、数日で明らかとなった答えは、ママとパパが言い争いをしていると指しゃぶりをするということでした。「いやだよ」、「怖いよ」という不安な気持ちが、指しゃぶりをさせていたのです。

こうした場合、無理にやめさせようと注意すると、不安やストレスが増して、より頻繁に指しゃぶりをするようになります。指に絆創膏を貼ったり、頻繁に注意したりするのは、逆効果です。

まず子どもの生活のリズムを整え、遊びや運動を十分にさせて、抱きしめたり、手をつないだり、背中をなでるなどのスキンシップを多くしてください。また、笑顔で「大好きだよ」と言ってあげること、子どもの不安やストレスの原因が明らかな場合には、それを取り除いてあげることです。

「○○らしさ」と「○○のくせに」

　子どもらしさ、親らしさ、男らしさ、女らしさ、年寄りらしく…。世の中には、たくさんの「らしさ」や「らしく」があふれています。この「らしさ」という社会的規範が、どれほど人の心を抑圧し、傷つけていることでしょう。

　「らしさ」は、もともと自分らしさのように、その人や物事の特徴を指し示していましたが、今では、人々や世間が感じている集団としての特徴を指すようになっています。

　世間が求めている「○○らしさ」を裏返して、「○○らしくない」という言い方で言うと、「○○のくせに」という言い方になります。結構な侮蔑語です。世間から外れた少数意見に対して、暗黙のうちに多数意見に合わせることを強制しているようなものです。まるで同調圧力です。

　さて、子どもを実家にあずけて、同窓会に行った妻に「母親のくせに何やってんだ」と夫が罵倒し、これが原因で離婚した夫婦がいます。自分は、毎日のように飲んで帰ってくるのに、何も子育てに協力してくれない夫に「母親のくせに」と言われたのが許せなかったということのようです。この夫には、夫は飲んで帰るのが夫らしさであり、妻は家事をして子育てをするのが妻らしさだという古典的な固定観念があったのでしょう。そのため、自分の中にある妻らしさから外れた目の前の人間に「母親のくせに」というひどい言葉を投げ掛けてしまったのです。「○○のくせに」という言葉は、ほとんどが偏見であり、差別用語に近いものです。もしも夫が使ったら、感情的にならずに教えてあげましょう。それが、我が子が「○○のくせに」という言葉を使わないようになる近道です。「男のくせに泣くな」も使うべきではありません。

　「男らしさや女らしさよりもその人らしさ」という標語を見かけることがありますが、人は「自分らしく」ありさえすればいいのではないでしょうか。

子育ては、母親だけがするものではありません。家事も同様です。しかし、女性が育児や家事をするものだと考えている人々がまだまだたくさん残っています。

家事には、いろいろな内容が含まれていますが、最も時間を要するのは炊事です。掃除や洗濯は、機械まかせでもいいし、毎日する必要もありません。しかし、炊事は違います。共働き率は、年々増加していますが、相変わらず食事の支度は、圧倒的に女性が担当しています。毎朝、同じように仕事に出て同じような時間に帰宅するのに、妻だけが帰宅後にさらに食事の支度をするのです。特に農業をされているご夫婦のお決まりのパターンです。おかしなことだとは思いませんか。仕事を終えて帰宅すると、先に帰っていた夫がテレビで野球を見ながらビールを飲んでいて、「めしまだかよ」と言ったのに腹を立てて離婚したというのは珍しい話ではありません。

我が家では、結婚に際してある取り決めをしました。
① 先に帰宅したほうが食事をつくる。
② 後に帰宅したほうが後片付けをする。
③ ただし特別の事情（健康状態など）がある時を除く。
というものです。一種のマニフェストです。「キッチン共働作戦」と呼んでいます。統計をとったわけではありませんが、おそらく、私がつくることのほうが少し多いのではないかと思います。しかし今では、この取り決めを遵守せずに、自然に二人でつくり、二人で片付けをしています。

現在の小学生が子育て世代になる頃、共働き率は、8割を超えると言われています。その頃、肥大化する社会保障費を補うために夫婦で働くのは、当たり前になるはずです。共働きでないと家が買えない時代です。男女を問わず、子どもたちを厨房に立たせましょう。性別に関係なく子育てや家事を分担するのは、人間としての当然の義務です。その意識を育てるのは幼少期なのです。

サザエさん一家の将来像

『サザエさん』は、最も長く放映されているテレビアニメ番組としてギネス世界記録に認定されています。また、平均最高視聴率が、39.4％（1979年9月16日放送）を獲得したこともあるお化け番組です。日曜の夕食の準備をしている時に、子どもに見せる番組としては、最適なのかもしれません。何しろ、『クレヨンしんちゃん』のように、母親を「みさえ」と呼び捨てにしたりしませんし、お尻を見せたりすることもありません。三世代同居家族の幸せな日常が描かれているだけです。

しかし、『サザエさん』には、いくつかの問題点があります。時代によって、少しずつ変わっているところはあるのですが、常に貫いている信念があるのです。

まず、男性が会社で働き、女性は家事をするという性別役割分担です。男性は、波平、マスオ、カツオのように自ら動くものの名前になっています。一方で女性は、フネ、サザエ、ワカメのように自分では動けないものの名前になっています。フネ（舟）さんは、自分で動くと反論される方もいるかもしれませんが、漕ぎ手（主人）がいないと動けません。男が外で働く主人で、女が家事をする家内という役割になっています。実際に波平さんは、フネさんを家内と知人に紹介しますし、お手伝いさんのように着替えさせてもらったりします。波平さんは、フネさんに命令口調で話し掛けますが、フネさんは反論することなく従順に従います。波平さんは、サザエさんとフネさんが同時に寝込んだ時にしか台所に立ちません。家父長制が色濃く残っています。

主婦という役割が当たり前だった時代には、これでよかったのかもしれませんが、日本のように超高齢社会（65歳以上の人口割合が21％以上の社会）となり社会保障費が増大するこれからの時代には、男性も女性も働かなければなりません。実際に日本の共働き世帯の割合は50％を超え、都道府県によっては、70％に近づいてい

る県もあります。しかし、この番組を習慣的に視聴した子どもたち
は、男だけが外で働くという概念を刷り込まれ、それが一般的なの
だと考えるようになるかもしれません。

　また、サザエさんの食卓に注目してみてください。四角いちゃぶ台
やこたつに座る場合、波平さんやマスオさんは四角い一辺を一人で使
用し、フネさんとサザエさんは二人で一辺を使用します。男は一人前
で、女は半人前(二分の一人前) です。さらに子どもたちは、三人で一
辺を使っているのです。三分の一人前なのです。また、大人は座布団
を敷いているのに、子どもたちは座布団を使いません。つまり、女性や
子どもを一人の人間として尊重していない考え方が見受けられます。

　これに比べると『ちびまる子ちゃん』は、おじいちゃんとおばあ
ちゃんが二人で一辺を使用し、お父さんとお母さんが二人で一辺を
使用し、二人の子どもで一辺を使用しています。民主的で合理的な
座り方です。みんなが座布団を使います。

　さらに、波平さんは、カツオくんに「男のくせに」という発言をし
たり、「けしからん」と怒鳴ったり、最近はなぜか見なくなりました
が、げんこつで殴ったりします。こんなことをされ続けたカツオく
んは、あんなに明るい子どもには育ちません。親の顔色をうかがっ
てビクビクするような神経質な性格になるはずです。スポーツに打
ち込んで気晴らしをしたりしているのであれば、なんとかなるか
もしれませんが、カツオくんには、ストレスを解消する情動焦点型
コーピング (p.132を参照) の気配はありません。

　ひょっとすると、カツオくんは、父親から受けたネガティブな対
応を同級生の中島くんを殴ることによって気晴らしをしているのか
もしれません。無礼の連鎖 (p.46を参照) です。中島くんが眼鏡を
壊されて先生に言いつけるような子どもなら、飼い猫のタマを殴っ
ていじめているはずです。これが現実なのです。

　サザエさん一家の子どもたちの将来が心配です。

「無礼の連鎖」と「ペイ・フォワード」

　会社の部長が、精神状態が悪いがために課長にダメ出しの×をつけたとします。課長は、納得できない×をもらったことが解せずに係長に×をつけます。係長は、部下に×をつけます。部下は、自分の部下がいないので、家に帰って妻に×をつけます。「なぜおかずが2品しかないんだ」といった具合です。その晩、妻は寝つけず、次の日に夫や子どもに当たり散らします。「なぜ給料が減っているの。食費を減らすしかないわ」、「どうして片付けができないの」といった具合です。子どもは、弟に×をつけます。弟は、飼い猫に当たり散らしたいのに素早く逃げられてしまい、当たり散らすことができません。そこで、学校で自分よりも弱い同級生に×をつけます。これがいじめです。いじめは、いじめている子どもといじめられている子どもの関係を改善しても、簡単には終息しません。もっと深い根っこが、その奥につながっているからです。二者の間でこの負の連鎖が繰り返されることもあります。これを「無礼の連鎖」と言います。かつて、あなたが誰かにつけた×が、今この瞬間にも誰かを傷つけているかもしれないのです。

　『ペイ・フォワード』（2000年）という映画をご存知でしょうか。無礼の連鎖とは正反対のお話です。11歳の少年トレバーは、社会科の授業で「もし自分の手で世界を変えたいと思ったら、何をするか」という課題を出されます。トレバーが考えたアイデアは、人から受けた善意や思いやりをその人に恩返し（pay back）するのではなく、別の3人に渡す（pay it forward）というものです。「自分一人では何もできない」と誰もが無力感を持っていますが、一人ひとりが変われば、やがて社会も変えられるかもしれないという恐ろしくポジティブなストーリーです。

　無礼の連鎖は、無意識に続いてしまいますが、ペイ・フォワードは、意識して実行しないと広がりません。無礼の連鎖の仲間になるよりペイ・フォワードの発信者になりたいものです。

「不登校」や「引きこもり」に陥ったきっかけが、いじめだったという子どもは少なくありません。しかし、昔のように殴ったり蹴ったりという暴力によるいじめは減り、それに代わって、残酷でより陰湿な言葉の暴力によるいじめが、中心になってきています。面と向かっての悪口や、ソーシャルメディアでの誹謗・中傷など、言葉によるいじめです。「死ね」、「最低」、「ばい菌」、「ゴキブリ」、「キモい」といったものや、葬式ごっこと称して「さよなら」と声を掛けるものや、無視（シカト）するものなどです。

給食の時に床に落とした食べ物を拾って食べたり、鼻水を服の袖でふいたりしたことによって、「汚い」といううわさが一人歩きし、いじめへと発展する場合もあります。

友だちの話をしなくなったり、一人で泣いていたり、毎日のように転んだと言って服を汚してきたり、すぐに気づくようなことが多くなるので注意していればわかるかもしれません。

こんな時は、「弱虫だね」などと言ってはいけません。こうすると、人に助けを求めずに自分だけで対処しようとします。すると、「あいつは、いじめても先生にチクらない」と思われてしまい、いじめがエスカレートすることになります。

笑顔が少なくなった、学校の話をしない、体に不思議な傷があるなど、少しでもあやしいと感じたら、わが子を守るために、積極的に先生に相談することが大切です。もしもいじめでなかった場合には、笑顔で謝罪すればいいのです。

ややこしいのは、いじめる側にいじめているという認識がないことです。無礼の連鎖の一員になると、なぜ相手に×をつけているのかが、自分で認識できません。反対にいじめられている側は、まわりの人の活動のすべてが、自分へのいじめへとつながっているように感じてしまいます。いじめられている側・いじめる側の双方の抱える問題について、心理的サポートが必要なのです。

不安な気持ち

　災害が発生するたびに、避難所で生活する子どもの姿が映し出されます。こうした不安な気持ちを抱えた子どもには、どのように対応したらいいのでしょうか。

　まず、子どもを一人だけにしないことです。誰かが一緒にいてくれるのは、それだけで安心できるものです。夜中にぐずったりした場合は、「一緒にいるから大丈夫だよ」と言いながら抱きしめたり、背中をさすってあげてください。

　不安になると甘えん坊になったり、赤ちゃん返りがみられることがありますが、しかったりせず、そうした気持ちを受け止め、落ち着くまで寄り添ってあげましょう。抱きしめたり、手をつないだりするなどスキンシップを普段より多くすることも大切です。

　また不安な子どもは、同じことを何度も繰り返して話したり、たずねたりする場合がありますが、イライラしたりせず、できるだけうなずきながら辛抱強く話を聴きましょう。

　不安を抱える子どもの脳にとって、テレビの映像情報は、刺激の強いものです。特に寝る前のテレビの視聴は避けたほうがいいでしょう。CDなどの音楽も人間の声が入っていない楽曲のほうが無難です。人の声によっていろいろな不安を思い出すからです。

　一方で、昼間に太陽光を浴び、体を動かすことは、夜間の睡眠をうながし、不安感を取り除く働きがあります。散歩も意味があります。特に信頼できる人と一緒に夢中になって遊ぶことは、不安感を心の隅に追いやる効果があります。何時間もかけて一つのものをつくり続けることやパズルを並べ続けることが気持ちを落ち着かせるのは本当のことです。誰かと協力して成し遂げることも有効です。これが、困ったことがあっても誰かが助けてくれるという安心感につながっていきます。

　いずれにしても、良い状態になおそうとあせるのではなく、子どもの気持ちをわかろうとすることが大切です。

いつの日か、あなたのお子さんも大きな壁や挫折感を味わうことになります。寄り添う親としては、できれば逃げずに前を向いて立ち向かってほしいと思うものですが、逃げ出したくなるほどつらい時もあるでしょう。

その時、子どもさんにとって大切なことは、つらい気持ちを話せる友だちや家族がいるかどうかということです。面白い冗談を言い合う関係が信頼できる関係だとは限りません。ソーシャルメディアで知り合った仲間は、都合が悪くなると、詳しいことを知ろうともしないで、総じて敵になってしまったり、逃げていってしまったりするものです。

困った時やつらい時に助け合えるのが、本当の友だちです。そのためには、自分から自分の困っていることや弱みを話すことが大切です。痛みを話すから相手も痛みを話してくれるのです。反対に自慢話ばかりしていると、大切な友だちはできません。

親子の関係も同様です。自慢話ばかりの親には、悩みを相談できないものです。いまのうちから「前にね、こんなことで悩んでいたのよ。」と子どもに話せる親になることです。そうすれば、お子さんも悩んだ時やつらい時に、あなたに悩みを打ち明けてくれるようになるかもしれません。

また友だちは、たくさんいればいいというものではありません。「ちびまる子ちゃん」にとっての「たまちゃん」のように、何でも相談できる友だちや家族がたった一人いれば、どんなにしんどくても人は何とか生きていけます。これが親友です。親友が一人いれば人はなんとかなるものなのです。

これは、子どもさんだけに限ったことではありません。あなたには、つらい気持ちを打ち明けることができる人がいますか。自分から打ち明けていますか。今からでも遅くありません。そんな人を探しましょう。夫や妻でもかまいません。

悩みを相談できる人

脅さない子育て

「にんじん食べないと大きくなれないよ。」、「早く寝ないとおばけが来るよ。」保護者や教育者が、ついつい言ってしまう言葉ですが、これらは、脅し文句です。「鬼から電話」というスマホのアプリを使って、言うことを聞かない子どもを脅すことが流行ったために鬼や母親に不信感を持つ子どもが増えています。

小さい頃に信頼する人に脅し文句を掛け続けられると、子どもは人の顔色をうかがうようになり、ついには自分で自分を脅すようになります。「雨の日は、嫌なことが起きる」といった具合です。これが続くと、思春期にややこしいことになることがあります。トイレや掃除の後に何度も何度も手を洗う、嫌なことがあった時に着ていた服を捨てる、食べると太るので食後に指を口に入れて吐く、家の施錠を何回も確認する、ごみ箱に投げたごみが入らないと入るまで同じ場所から繰り返す、死に通じる4という数字に神経質になるなどです。占いにも敏感になります。朝のテレビで「今日のラッキーカラーは青です」と聞くと、遅刻しそうなのに青い下着に着替えたり、悪い運勢を宣告された日は、外出できなくなったりします。

それでは「にんじん食べないと大きくなれないよ。」という脅し文句をどう変えればいいのでしょうか。「にんじん食べるとにんじんさん喜ぶよ。」とか「にんじん食べると元気になるよ。」でいいのです。大きなお子さんには、「にんじんには、β（ベータ）カロテンがたくさん入っているから粘膜が強くなって風邪をひきにくくなるし、骨が強くなって背が伸びるかもしれないんだって」でいいかもしれません。

にんじんを栽培したり、調理したりする経験も、食べなかったにんじんを食べるきっかけになります。そして、いろいろ試してやっと食べてくれた時、子育ての喜びを実感することができます。脅しても親子双方に嫌な気持ちが残るだけです。今日から脅さない子育てをしてみませんか。

「妹（弟）は、できてるでしょ。お兄（姉）ちゃんなのに何でできないの。」とお子さんを責めたことはありませんか。あるいは、よそのお子さんと比較したり、自分の子ども時代や理想の姿と比較したりしたことはありませんか。当事者であるお子さんにとって、これは、大変つらいことです。想像してみてください。「うちのママも○○ちゃんのママみたいだったらよかったのに」と言われてどんな気持ちがしますか。

比較して子どもをふるい立たせようとする心情は、わからないでもないのですが、まったくの逆効果です。人と比べると、不安や心配がわいてくるだけです。他のお母さんと何げない会話をしているだけなのに「私はだめだ」、「負け組だ」と落ち込んだりするのも比べる習慣の弊害です。特に、引きこもり状態になっているお子さんの保護者には、他の子と比べて、うちの子は優秀だ、あるいは劣っていることを指標にしている方が見受けられます。実は、こうした比較が、お子さんを苦しめている根っこだったりするのです。

それでも、どうしても比べたいのであれば、人と比べるのではなく、過去のお子さんの状態と比べるようにすることです。「半年前には、できなかったのにできるようになったね」、「これができるなんて、お姉さんになったね」という比較です。人と比べて優れているか劣っているかよりも、以前の状態と比べて、どれだけ成長できたかという視点で、お子さんや自分を見つめなおすことです。これが、正しい比較です。

人と違っているのは、悪いことではありません。SMAPの「世界に一つだけの花」の歌詞にもあるではありませんか。「No.１にならなくてもいい もともと特別な only one」と。たとえ違っていても、人と比べてうまくいっていなくても、それを含めて我が子の個性なのです。その個性を「この子はこの子でいいんだ」とまるごと受けとめることが親の仕事なのかもしれません。

比較しない子育て

異年齢

　自転車で子どもと保育園に通う途中に、よく手入れされた畑があります。先日、そこで土から抜いたばかりの落花生をおばあちゃんにいただきました。息子は、大喜びで、その日からこのおばあちゃんを探して笑顔であいさつするようになりました。そうすると、今度は、枝豆をいただき、どうやって育てるのかについて、まるで祖母と孫のように話をするようになりました。祖父母が、遠方に住んでいる彼には、新しいおばあちゃんができたようなものです。しかし、こうした異年齢の人と子どもが交流する機会が、地域から少なくなってきているように思います。

　現在の子どもたちは、保育所・幼稚園から大学まで1日の大半を同年齢の子どもと過ごします。同年齢の集団の中で過ごす時間が長いと、競争意識が高まると言われています。競争意識にあふれた社会では、挫折感も味わうことになります。

　それに対して、異年齢の集団は、思いやりの心を育てます。小学校で、学年の違う子どもたちがグループになる「たてわり活動」や小学生が高齢者のボランティアと通学する機会、中学生や高校生が幼児の世話をする機会などは、ライバル心やその裏返しである劣等感をやわらげる働きを持っているのです。

　また地域社会は異年齢集団そのものであり、地域の活動に子どもを参加させることは、精神面でも意義があります。沖縄には、「ゆいまーる」という世代を超えた地域の助け合いを意味する言葉が今も生き続けています。都合の悪い時などに、近所の人が、子どもの世話をしてくれる仕組みです。共同養育と言います。他人に子育てを頼むこの共同養育が、チンパンジーと人類を分けた子育て習慣だとも言われています。

　ちなみに子育てをする親も同世代のママ友とばかり話していると、ライバル心や劣等感に浸りかねないので、時には、違う世代の人と交流されることをお薦めします。

嫉妬する上の子

　妹や弟が生まれると、上のお子さんが赤ちゃん返りをしたり、乱暴になったりすることがあります。赤ちゃんをたたいたり、嫌がらせをしたりするのは普通の反応です。悪いことをするのは、葛藤している自分の心の中をママにわかってほしいのです。自分が、まだママに愛されているのかを確認したいのです。簡単に言えば、焼きもちをやいているのです。

　こんな時、「お兄ちゃんなんだからがまんしなさい」、「お姉ちゃんでしょ」という言い方は禁物です。上のお子さんからすれば、理不尽な説明にしか聞こえません。なりたくて兄や姉になったわけではありませんから。こういう時は、「赤ちゃんばっかり抱っこしていて嫌だよね。赤ちゃんが眠ったら抱っこしてあげるからね。」と上の子の気持ちを受け止める言葉が必要です。

　まず、上のお子さんと二人だけの時間をつくることです。赤ちゃんが眠っている時に、上のお子さんを抱きしめてあげたり、絵本を読んであげたり、家族に赤ちゃんをまかせて、上の子とお散歩したり、買い物もいいかもしれません。特にお薦めなのが、赤ちゃんをパパにお願いして、上のお子さんと二人だけでお風呂に入ることです。ママの独占とスキンシップという一石二鳥の効果があります。「妹や弟がおうちに来てからは、一日中じゃなくなったけど、一日に何回か、ママは、ちゃんと自分と向き合ってくれる。」こう実感できることで、上の子は成長していきます。そして、親子とも少しずつ心に余裕ができれば、上のお子さんと赤ちゃんとの関係も安定してくると思います。

　一方で、ママは24時間絶え間なく続く赤ちゃんの世話と上の子との関わりとでへとへとになってしまいます。こうした場合、家族の協力が欠かせません。そうです。パパの出番です。まわりの人や社会の支援機関にも甘えてしまいましょう。そのために税金を払っているのですから。

子どもが泣く意味

　春の日差しを浴びたある公園でのことです。5歳くらいの男の子のうしろ姿をママがビデオカメラで撮影しながら歩いていました。その時、男の子が転びました。男の子は、ママのほうを振り向き、血がにじんだひざをかかえながら泣きだしました。しかし、彼のママは、微笑みながらそのままビデオを撮り続けていたのです。泣いている我が子を記録できる貴重な機会だと考えていたのかもしれません。そういうこともあるものです。

　しかし、このあとの男の子の行動は、このママには意外だったことでしょう。泣いていた男の子は、うれしそうにビデオを撮り続けるママの姿を見て急変しました。「撮ってんじゃねえよ」とママにおそいかかっていったのです。ひざの痛みなど忘れてしまったかのようです。そしてママに飛びかかると、「ママのいじわるー」とクロールのように両手をバタバタさせながら、さっきよりも大きな声で泣き叫び始めたのです。

　子どもが泣くのには、いろいろな理由や意味があるものです。この時のこの男の子は、大好きなママに「痛かったよねえ、大丈夫？」と痛い気持ちを受け止め、共感してほしかったのだと思います。それなのに、平然と笑顔でビデオを撮り続けたママを許せなかったのでしょう。

　「泣くこと＝悪いこと」ではありません。泣くのは子どもの特権です。大人は言葉で考えを表しますが、幼い子どもは泣くことで思いを伝えようとします。

　泣くことができない子どもに今まで何人か出会いました。虐待を受けたり、外的コントロールが強すぎたりすると泣けなくなる場合があります。泣けるのは、それだけで幸せなことです。しかったり無視したりせず、まず「いやなんだね」と気持ちを受け止め、泣いている子どもが、何を伝えようとしているのか、泣き声の向こうにある心の意味を感じ取りたいものです。

子どもって、なぜあんなにカレーライスが好きなのでしょう。週末を家族で楽しく過ごすと月曜日が憂うつなものです。しかし、「今日の給食はカレーだよ」という言葉で急に元気になったりします。私が働いていた保育所は、毎週月曜日にカレーが出ました。このように、月曜をカレーにしている保育所があるのは、月曜日の憂鬱をカレーに助けてもらおうという理由かもしれません。余談ですが、給食のカレーがおいしいと感じるのは、一度にたくさんつくるからではなく、また、みんなと一緒に食べるからでもなく（私はこれに賛成したいのですが）、いろいろな種類のルーを混ぜてつくるからだそうです。給食センターで教えていただいた話です。

さて、お子さんに「今日のカレーおいしいね」と言われたら何と答えますか。「そうかな？」、「いつもとおんなじルーよ」、「そんなことないわよ」と照れたり、否定したりしていませんか。子どもに認められたら、「本当！ やったあ」、「うれしい、ありがとう」と素直に喜ぶべきなのです。おいしい時は「おいしい」、かわいい時は「かわいい」でいいのです。ちなみに、人に何かしてもらった時に「すいません」とネガティブな言葉を言う大人がいますが、「ありがとうございます」のほうが、相手にポジティブな気持ちが伝わる素直な表現だと思います。

コミュニケーションは鏡です。日頃から素直な感情表現に触れていると、子どもも模倣して素直に気持ちを表現できるようになります。子どもの感情表現は、模倣によって獲得され、模倣が熟達するにつれて多様化していくものです。

笑い方がそっくりな親子っていますよね。血がつながっているから親子なのではありません。こうした感情表現の方法や性格を受け継ぐから親子なのです。そして、感情表現や性格は、生まれついてのものではなく、普段のコミュニケーションを積み重ねながら親子で一緒につくりあげていくものなのです。

素直な感情表現

これ買ってえ

子どもにとって、お店は誘惑がいっぱいです。売り場で「これ買ってえ」、「だめ、買わない」と大声で怒鳴りあい、修羅場になっている親子を見かけることがあります。ジャイアンとジャイアンの母のようです。さて、こんな時はどうしたらいいのでしょうか。

基本は、まずその気持ちを受け止めることです。自分の価値観を脇に置いて、子どもの気持ちを肯定的に受け入れ「わあ本当だ、何、このおもちゃすごいね」とその品物の魅力を共有し共感することです。この姿勢が欠落していると、欲求が怒りに変質してしまうことになります。なおそうとする前に子どもの気持ちをわかろうとすることです。「これ買ってえ」に遭遇すると、その行動をやめさせようとするものですが、意外にも、その前にわかろうとすることが問題解決への近道なのです。しかし、決して買ってはいけません。

「これ買ってえ」は、どのように自分の感情をコントロールするのかを学ばせる絶好の機会でもあります。欲望と現実との間のどこで折り合いをつけるのかは、一人ひとり違います。下のお子さんが生まれたばかりのような時期は、ストレスがたまっているので、特に十分な受容が必要です。

その後、財布の中身を見せながら「でも今日は、お金がないからがまんしようね」のように現実を提示してすり合わせをします。このためには、財布に余分なお金を入れないことです。最初に根負けして買ってしまうと「騒げば買ってもらえる」と解釈してしまい、毎回大騒ぎをしてダダをこねることになるので最初が肝心です。

もちろん共感するだけで解決するわけではありません。こちらが折れることもあります。「じゃあ、今度の誕生日にね」と譲歩した場合は、必ず約束を守りましょう。万一、買ってあげる場合も「今日は特別だよ」という一言を忘れないことです。いずれにしても、お子さんとの対等な関係が始まったとプラスに考え、いろいろと駆け引きをしながら試してみることです。

かつては、どこにも『ドラえもん』に出てくるような三本の水道管が置き去りにされた空き地が存在しました。当然、大人がこうした遊び環境を用意する必要などありませんでした。しかし現在は、こうした場所を探して、子どもに提供することも大人の大切な役目になりました。『ドラえもん』に出てくる三本水道管の空き地は、現在では、安全のため立ち入り禁止にしなければなりません。その結果、都市部では、放課後の安全な遊び場所は、児童館と学童保育と自宅だけになってしまいました。この意味では、子どもを育てるのは田舎のほうがいいのかもしれません。

　遊びは、子どもにとって欠かせないものです。遊ぶことで、主体性を身につけ、同時に社会性を身につけることになります。この際、大人のするべきことは何かということになりますが、ブランコやすべり台のように遊び方を特定される環境ではなく、海や山や川や野原といった自分で遊びを生み出せる環境に子どもを連れ出すことです。そしてそこで、気長にのんびりとかまえて寄り添うことです。複数の場所を次々にまわるなどということはお薦めできません。また、自分が子どもの頃にやった遊びを押しつけるのも考えものです。大人が仕組んだり、教えたりした途端にそれは遊びではなくなります。「見て見て、いいもの見つけたよ。」と子どもの視線で話し掛け、自分も一緒に楽しめばいいのです。

　博物館などで開催される親子講座には、「早くしなさい」、「やめなさい」、「こうしたら」を連発する保護者がたくさんいます。これを親子活動の三禁句と言いますが、自分の考えと違う活動をしていても、あるいはずっと同じことをしていても、それを指摘したり、修正したり、せかしたりしないことです。

　現在の子どもたちに最も必要なことの一つは、何かに夢中になって没頭する時間です。そのためには、どっしりとかまえて子どもの遊びに寄り添うことが必要なのです。

遊びに寄り添う

スウェーデンの「森の幼稚園」

　スウェーデンで「森の幼稚園」を見学した時のことです。森の幼稚園は、園舎も遊具もない森や山中を園庭とする幼稚園です。子どもたちは、雨が降っても雪が降っても、1年中、森の中で木の枝や落ち葉などを使って創造的に遊びます。お腹が空くと、森の中に自生しているビルベリーのような紫の実を食べ、喉がかわくと水筒の飲み物を飲みながら、子どもたちはにぎやかに活動していました。森の中のあちこちにある木の実を集める子ども、つるを使ってブランコをつくる子どもなど、どの子の活動も印象的だったのですが、私が一番印象に残ったのは、森の入口を抜けたところで行われた朝のミーティングでした。

　凍えるような寒さの中で行われた朝のミーティングでは、先生が子どもとあいさつを交わしながら今日はどのコップで何を飲みたいのかを一人ずつ聞いていきます。3本の魔法瓶には、それぞれ違う飲み物が入っていて、コップの色と形も様々です。そして最後に、今日は何をして遊びたいのかを尋ねます。選択の後に自己主張をさせるのです。

　例えば、子どもが困っている場合、先生が「こうしてみたら」と助言することがありますが、大抵の子どもは、先生の助言通りの行動をとります。これは、教育ではなく押しつけです。自分で考える子どもには育ちません。こんな時は、「こんな方法もあるね。それからこういう方法もあるよ。ねえ、どっちがいい？」と複数の選択肢から選ばせるのです。選択は、主体性を育てる最初の一歩です。この幼稚園では、子どもの潜在的な可能性を信じ、何でも子どもに選ばせていました。自分で選ぶことで、子どもの主体性を育てようとしているのです。

　自分で考えて行動する子どもになってほしいですか、それとも親や教師の言うままに行動する子どもになってほしいですか。あなたも選択してみてください。

ここが森の入り口

森の幼稚園の朝のミーティング

劣等感と劣等コンプレックス

　アルフレッド・アドラーは、病弱で運動が苦手だったと言われています。身長も約150cmと低く、深刻な劣等感を抱えていたようです。劣等感は、時に自己否定や自己嫌悪にもつながります。しかしアドラーは、こうした劣等感を自分の成長への原動力として利用し、克服しました。

　アドラー心理学においては、劣等感と劣等コンプレックスを区別します。劣等感は、前向きに生きる向上心の源であり、生きるための原動力です。それに対して、劣等コンプレックスは、劣等感を理由に、問題から逃げるネガティブな心を指します。

　さらに劣等コンプレックスには、3つの要素があります。「攻撃」と「自慢」と「不幸のアピール」です。

　1つ目の「攻撃」は、自分よりも優れている人に嫉妬し、その人に対して攻撃的になるものです。悪口を言ったり、批判したり、失敗した人を蔑んだりなどの行動です。こうすることで、自分が優位に立ったような気持ちになります。

　2つ目の「自慢」は、自分の劣等感を隠すために、無意識的に自分をアピールします。ありのままの自分を認めず、人より優れていることを誇示するものです。この時、自慢話をされていら立つ場合は、自分も対抗したいという願望がある証拠です。自慢話をしてくる人と基本的には同じなのです。こうした時は、自慢話合戦の舞台から降りることです。そうすると相手は、自慢話をしなくなります。自慢話に対抗心を示さない相手には、自慢話をしても張り合いがないからです。

　3つ目の「不幸のアピール」は、自分がどれだけ不幸かを示して、他人からの慰めや注目を得ようとします。また、自分の劣等感を口にして、気にしていないという素振りをしておきながら慰められるのを期待していたりします。

　また、親が劣等コンプレックスを持っていて、それを子どもに託

して解消しようとする場合があります。親の劣等感や、未解決課題に関連した感情を子どもに刷り込むのです。勉強や運動で親の劣等コンプレックスを解消するような成果を残してきた『ドラえもん』の出木杉くんのような子どもが、ある日、何かの障壁でつまずき、学校に行かなくなります。親が自分にかける期待に押しつぶされるのです。サッカー部のエースが、転校生にレギュラーを奪われて、練習に行かなくなります。この時、親は、この事実を認めようとしません。誰かのせいにして自分と子どもを守ろうとします。劣等コンプレックスによって、人と比較して我が子を評価するという考えが、子どもを追い込んでいることに気づかないのです。劣等感や劣等コンプレックスは、自分と人を比べることで発生します。

　劣等コンプレックスを克服するには、自分が劣っていることを認めることです。ありのままの自分を認め、受け入れることは、簡単なことではありません。しかし、これができると気持ちが楽になります。劣等感もすべて含めたありのままの自分自身を受け入れることを自己受容といいます。劣等感を受け入れることで、不完全な自分を愛することができるようになります。

　また、縦の上下関係が劣等コンプレックスを助長します。上でも下でもない尊重し合う横の関係を構築してください。例えば、何でも話せる親友の存在です。

　そして、私は社会で必要とされる存在だという実感が、劣等コンプレックスの克服に有効です。そのためには、社会貢献活動に関わることです。地域のボランティア活動などをして自分の存在意義を確認することです。誰かの役に立っているという喜びが劣等コンプレックスを払いのけるのです。

　アドラー心理学においては、原因を探すことよりも、解決策を見つけることを重視します。原因がわかっても問題は解決しません。劣等感があるからできないという言い訳を克服することです。

夕ご飯とテレビ

　わが家の夕ご飯は、晩ご飯にならないようにできるだけ夕方に始めることにしています。結構大変なことです。日本の社会全体が変わらないと実現できないかもしれません。その際、今日あったことをみんなで話しながら食事をします。話を聞く側は、自然にうなずきながら食べます。音楽をかけながら食事をすることが基本ですが、BGM的なもので、歌声が入っているものは誰かが歌い出してしまうと困るので流しません。

　そして、テレビはつけません。テレビに気を取られて食事に集中できないし、会話もはずまなくなるからです。人の話に耳を傾けなくなるので、うなずきも少なくなってしまいます。子どもが生まれる前からのわが家のルールです。習慣とは、あなどれないもので、子どもたちは、夕食時にテレビがついていると、自分からテレビを消してしまいます。子どもが大きくなってから「今日から夕食の時はテレビを消します。」と宣言すると、おそらく大げんかになるでしょうから、できるだけ小さい時から習慣化してしまうことがポイントかもしれません。

　先日、出演しているテレビの子育て番組の収録中に「朝食時は、天気予報や時報のためにテレビをつけていることがあるかもしれませんが、せめて夕食時は、家族で会話ができるようにテレビを消したほうがいいですよ。夕食は家族のコミュニケーションにとってとても大切な時間です。」と発言したのですが、放送では見事にすべてカットされていました。テレビ番組で「テレビを消したほうがいい」と主張することに無理があったようです。しかしこれが、私が一番伝えたかったことです。

　食事は、単に食べる時間ではありません。家族のつながりを確認する大切なコミュニケーションの機会です。テレビを消してみませんか。そうすれば、みんながうなずきながら人の話を聴く肯定的な家族になれるかもしれません。

一番下の娘が、上の子たちと張り合うようになってきました。それまでは、やり返せずに泣いていただけでしたが、「やめてよ。私のよ」と言い返すようになってきたのです。ママにそっくりな言い方と表情をするので笑ってしまいます。それでも、言い返すことができない時や力で張り合えない時がまだまだあります。そんな時、娘の口から出る言葉が、「アンパンチ」です。たたく真似までします。先日は、真似ではなく本当にたたいてしまいました。家で『それいけ！アンパンマン』を見せたことはないので、おそらく保育園で仕入れてきたのでしょう。

アンパンマンは、ジャムおじさんが心を込めて作ったパンに「いのちのほし」が落ちてきて生まれました。アンパンマンが、最初に子どもたちの前に登場した時は、ひもじい思いをしている人にあんパンを分け与えるだけでした。後に「バイキンせい」からばいきんまんがやって来て問題を引き起こすようになると、アンパンマンは、何かあると「アンパンチ」や最近では「アンキック」という暴力で争いを終わらせる困ったキャラクターになってしまいました。いくらばいきんまんが悪いからといっても殴ってはいけないと思いませんか。話し合えば、ばいきんまんだってわかってくれるかもしれません。

以前、ドイツの教育関係者が日本の保育園を視察された際にご案内したことがあるのですが、お迎えの時間にテレビを見せているのを見て憤慨されました。刺激が強すぎるという精神的な理由とテレビや携帯に含まれる青い光が交感神経を刺激して、乳幼児の睡眠の妨げになるという健康上の理由でした。それだけではないと思いますが、ドイツでは、保育士が乳幼児にテレビを見せるのはありえない光景だったようです。

テレビに子守をさせていませんか。子どもへの影響は、アンパンチだけでありませんよ。

アンパンチ

ネイチャーゲーム（Nature Game）

ネイチャーゲームは、アメリカのナチュラリストであるジョセフ・B・コーネルが、1979年に発表した自然体験プログラムです。コーネルは、シェアリング・ネイチャー（Sharing Nature）と呼んだのでこの言葉が使われることもあります。様々な活動（アクティビティ）を通して、自然の本質について学び、自然と人間が一体であることに気づくことを目的としています。子どもの心の成長のために、野外において親子で一緒に実施する活動としては、最も有効な活動だと思います。

例えば「わたしの木」というプログラムは、親子など二人で行う活動です。木がいっぱいある森の中で親が子どもをタオルやバンダナで目隠しします。まわりを見渡して、この子のイメージにぴったりな木を一本選びます。そして、「この森の中に1本だけあなたの木があるのよ」と告げて、目隠しをしたまま選んだ木の前までゆっくりと子どもを誘導します。できるだけまわり道をしてください。直線で行くと歩数で判断しようとする子どもがいます。木の前に着いたら、目隠しをしたまま木に触れてもらいます。触って感じ、におって感じ、舐めて感じてもらいます。「苔のにおいがするね」と感じてもらうヒントを出してもかまいません。一通りの触れあいが終わったら、やはりまわり道をしながら、最初の場所に戻ります。ここで目隠しを解いてください。そして「あなたの木を探してください」と言って見守ります。ほとんどの子どもは、視覚情報優位で生活しているので、なかなか探せません。目を閉じて木と触れ合うようになると子どもの目つきが変わってきます。探し当てるのに1時間以上かかる場合もあります。そして、ようやくわたしの木が見つかった時、涙を流して木を抱きしめる子どももいます。

次は「大地の窓」です。一人でもできますし、グループでもできます。林や森の中で落ち葉がたくさん集まっている場所を探します。そこに寝転がって落ち葉をかけてもらいます。目だけは少しだけ開

けておきましょう。その他は、すべて落ち葉でおおいます。あとは、そのまま自然の中でじっとしているだけです。空を見ると、自分を包んでいる落ち葉を生んだ木の枝が風に揺れているのが見えます。風で葉っぱが「カサッ」と音を立てます。小さな虫が目の前を横切ることもあります。それでもそのまま黙って観察します。そのうちにあたたかくなってきます。お布団で眠っているみたいです。落ち葉になった気持ちです。土に還っていく気持ちです。

　コミュニケーションは、対人コミュニケーションだけではありません。マインドフルネスのように自分自身とのコミュニケーションやネイチャーゲームのように自然とのコミュニケーションもあります。動物介在活動 (animal assisted activity) のように動物とのコミュニケーションもあります。特に、自然や動物とのコミュニケーションは、子どもの中に想像力や愛他性（思いやりの心）を育てると言われています。

大地の窓

勉強しなさい

　東京大学の学生に自分の子ども時代の様子をたずねた質問紙調査で、「はい」と答えた割合が他の大学の学生と比べて突出している項目が、二つあったそうです。

　一つは、「母親がいつもにこにこしていた」というものです。母親の笑顔は、子どもの主体性を育てます。そしてもう一つは、「小さい頃に、親に『勉強しなさい』と言われたことがない」というものでした。「勉強しなさい」と言うのは、子どもを思う親心です。しかし、子どもの立場からすればどうなのでしょうか。子どもの頃、この言葉を言われてやる気をなくしたり、反抗したくなったことはありませんか。目の前にいるお子さんも同じ気持ちです。ジャイアンのような言い方で命令されると、子どももジャイアンになって反抗したくなります。強制的な命令口調ではなく、子どもが主体的に行動したくなるようにすることが大切です。

　人にやらされたことは、すぐに忘れてしまいます。学校で暗記させられた文章は、あっという間に忘れてしまったはずです。一方、自分から進んで憶えたことは、なかなか忘れません。大好きなアニメの台詞や、呪文のようなポケモンたちの名前を子どもたちはいつまでも憶えています。大切なことは、いかに関心や意欲を持たせ自分の意志で主体的に行動できるようにするかなのです。例えば、できたことを認め、励ますことで意欲は生まれます。何かに夢中になって努力している人の姿を見せることや将来の夢や目標を見つけることでも意欲は高まります。親が、何かに夢中になっていると、「何してるの」と子どもが寄ってきますよね。あれです。

　しかし、「勉強しなさい」という命令口調をやめる子育ては、なかなかできるものではありません。イライラしていると、ついつい口にしてしまいます。ひょっとすると、「勉強しなさい」と命令口調にならなくなった時に、いつも笑顔でいられるようになるのかもしれません。

人の体には、生理的なリズムがあります。例えば、体の機能をつかさどるホルモンは、一日中一様に分泌されるのではなく、一定のリズムで分泌されます。これをコントロールしているのが体内時計ですが、体内時計に働きかけるホルモンがメラトニンです。幼少時に最も多く分泌されるメラトニンは、睡眠ホルモンとも呼ばれ、夜暗くなると分泌され、明るいと分泌されません。地球の1日は24時間ですが、体内時計の1日は、なぜか25時間です。この1時間のズレをリセットしてくれるのが、朝一番に浴びる太陽光です。反対に遅寝や遅起きは、体内時計とのズレを生み、心身の不調を引き起こします。

子どもの生活は、早起きして昼間十分に体を動かして遊び、3食きちんと食べるというのが基本です。そうすれば、夜になると自然に疲れて眠くなります。

睡眠は、体を休ませるだけではなく、成長に必要なホルモンを分泌したり、免疫力を高めたりします。「寝る子は育つ」というのは本当だったのです。特に午後10時から午前2時までの時間は、脳下垂体から分泌される成長ホルモンのゴールデンタイムと言われています。つまり遅くとも10時までには寝かせることです。理想としては、夜は8時〜9時ごろまでに寝かせ、朝は6時〜7時ごろに目覚められたらいいですね。

幼児期や学童期なら10時間程度、思春期でも9時間程度の睡眠をとらせたいものです。そのためには、パジャマに着替えて歯を磨き、絵本を読んで「おやすみなさい」などといった就寝前の儀式（ルーティンワーク）を習慣化してしまうことです。見守る側の大人も早寝早起きに付き合うべきかもしれません。

ちなみに大人の場合には、睡眠時間が4時間以下になると食欲ホルモンを制御することが難しくなるため、肥満率が高まるとも言われています。

睡眠

キャンプ

　毎年、家族でキャンプに行きます。家族みんなでテントや折りた
たみ椅子や寝具を車に積んで、自分の着替えは、自分でデイパック
に用意して出発します。先日は、夏休みに10日間かけてキャンプ
しながら車で北海道に行ってきました。

　海無し県の山梨県と岐阜県が拠点なので、子どもたちは、海のそ
ばのキャンプ場がお気に入りです。特に気に入っているのは、富山
県のヒスイ海岸にある「朝日海岸オートキャンプ場」です。きれい
な砂と石ころの浜に隣接しており、いろいろな電車がキャンプ場の
すぐ横を通ります。キャンプ場に着くと、まず、子どもたちが芝生
のサイトにテントとメッシュタープを張っていきます。年々、ペグ
を打ち込む手際がよくなっているように思います。

　キャンプのいい所は、安あがりなところです。家族5人でホテル
に泊まるととんでもない金額になりますが、キャンプなら数千円で
すみます。無料のキャンプ場もあります。地場の食材を仕入れてみ
んなで調理することも魅力です。大抵はバーベキューです。テレビ
もゲームもないので自然に会話がはずみます。それから、何といっ
てもおまけのお楽しみイベントです。伊豆のキャンプ場で海岸にあ
るお風呂に入りながら夕陽が海に沈むのを見たり、青森のキャンプ
場で潮干狩りをしたり、高知のキャンプ場でクジラを待ったり、最
近のキャンプ場には、キャンプファイアーの代わりに楽しい体験活
動プログラムが用意されています。

　ヒスイ海岸のキャンプ場では、キャンプ場から徒歩で10秒の海
岸で、今では「国石」となったヒスイを拾うことができます。近隣に
は、ヒスイに関する博物館などがあって、ヒスイのことを学んだり、
拾った石を鑑定してもらったりすることができます。そこで教えて
もらうのは、白っぽくて、表面が結晶でキラキラしている石を探す
ということです。しかし最近では、生業とするヒスイハンターが早
朝に拾ってしまうので、子どもたちが海岸を歩く頃にはすでに落ち

ていません。そのため子どもたちは、ヒスイを拾うことよりも釣りをすることに夢中です。何か釣るだけで、何日もその話題で会話が続きます。

　しかし、わざわざ面倒なキャンプに行かなくてもいいのです。時には、庭で火をおこして食事をしてみましょう。火をつけるということだけでも、親子のコミュニケーションがはずみます。我が家では、マッチの存在が難題でした。どうやって使うのかがわからなかったようです。それを一から学び、マッチが使えるようになりました。コンロもレンガでつくりました。こうしたことを一つ一つ克服してできるようになる姿を見るのは、親として至福の時間です。そして、どうしてでしょうか。安い肉なのに、いつもと違う野外で調理して食べるといつもよりおいしく感じます。

　いつもと違う状況に子どもを連れ出すことは、子どもの成長を促します。自然の中で、子どもにいろいろなことを経験させましょう。

＜庭でのバーベキュー＞
釣ってきた魚を燻製にしたりピザを焼くこともあります。

69

「慰め」と「励まし」

　誰だって、うまくいかない時があります。そして、子どもにだって、自分が失敗したことはわかります。こういう時に「最悪だな」、「本当にダメな子ねえ」、「何やってるの」、「いい加減にしなさいよ」と自分の人格を否定されるような言葉を掛けられるのは、大人と同じように深く傷つくものです。反対に、みんなが失敗に追い打ちを掛けるような、傷口に塩を塗るような言葉を発する時に、慰めや励ましてくれる人を子どもは自分の味方だと認識します。子どもの失敗という機会は、実は、親子関係を強固にするチャンスなのです。「お母さんにできることがあれば何でも言ってね。何があってもお母さんはあなたの味方だからね。」という言葉を掛けてあげてください。

　慰めと励ましは違います。慰めは、現在の相手の状態に寄り添い傷を癒やす言葉です。お葬式の時のお悔やみの言葉は、慰めになります。具体的には、「大丈夫？、大変だったね」「つらかったよね」、「泣いてもいいんだよ」、「ママもくやしい」、「がんばってたこと、知ってるよ」、「誰が何を言おうと関係ない。あなたはがんばっていたわ」という言葉です。

　それに対して、励ましは未来に向けて、相手が一歩踏み出す勇気を与え背中を押すような言葉です。勇気づけでもあります。具体的には、「元気出してよ」、「この失敗がいつかきっと役に立つよ」、「一緒にこれからのことを考えよう」、「大丈夫、なんとかなるさ」、「こんなこともあるさ。いつかこれを笑い話にしよう」、「失敗は成功のもと」、「大丈夫、これからだんだんと良くなっていくよ」、「どんな人にも、その人にしか出来ないことがきっとあるのよ。」、「知ってる？あなたがいてくれるだけでママは幸せなのよ」という言葉です。

　時に子どもを絶望の淵に落とし入れるのが母親（父親）ですが、子どもを絶望の淵から救い出してくれるのもまた母親（父親）なのです。

古代エジプトの何千年も前の壁画から「最近の若者はどうしようもない」という記述が見つかったというニュースを耳にしました。いつの時代でも年配者は、自分より若い人に対してなげくものです。

「最近の若い者は……」と自身の世代の姿と異化して拒絶する人がいます。こういう人は、おそらく一糸乱れぬ入場行進を見せてくれる高校野球を見て安心するのでしょう。私が楽観的過ぎるのかもしれませんが、そろそろ、自己表現をする彼等を認めてもいいのではないでしょうか。

サッカーの試合後に、誰に言われるまでもなくごみを拾い合う若者の姿を見たことがありますか。W杯のたびに海外でも話題になる日本人のニュースです。若い人でも社会のために尽力している人はいます。日本株式会社は、多額の債務を抱えて沈没しかかっているのかもしれませんが、日本の教育は、このまま航海を続けてもいいのでは、と考えたくなるほどです。

私は、レジで並んでいる時に時折割り込みをされます。気弱に見えるのかもしれません。割り込みをしてくるのは、大抵おばあちゃんです。道を尋ねてくるのもおばあちゃんです。ポケモンGOをしていた時にスマホを片手に話しかけてきたのもおばあちゃんです。ここで、おばあちゃんは、レジで割り込みをしてくると考えるのは偏見です。若い人もいるはずなのです。しかし、固定観念があると、割り込みをしてくるのはおばあちゃんだということになってしまいます。妊娠するとやたらと妊婦さんが多いと感じるマーフィーの法則とも関連しています。この偏見がコミュニケーションにとって障害となることがあります。

先日、ある小学校の昼休みの時間に、「最近の若い子は」と3年生の女児が話しているのを聞いてしまいました。新1年生の生意気な言動について発せられたものでした。思わず笑ってしまいました。この子は、どんな大人になるのでしょう。

最近の若い者は

動物を飼う意味

　ペットを飼うことで命の大切さを身近に感じることができます。そして、ペットと触れ合うことで、心が癒やされます。

　会話がなくなった熟年夫婦や、子どもが自立して家を出た場合にも有効だと言われています。「ちょっと聞いてみいちゃん、お父さんたらひどいのよ」と猫に話し掛けるだけでも下手なカウンセリングと同じような効果が得られます。しかし、何でもいいわけではありません。金魚や亀では反応がわからないのです。植物も同様です。私が一番いいと感じるのは、イルカと馬です。反応がすごいのです。昔、北海道で漁師をしていた時に、湾に入ってきたイルカを湾から追い出す仕事をしていました。船と並走するようにイルカが泳いでくれます。幸せな時間でした。これがアニマル・セラピーです。馬も人の感情を落ち着かせてくれるような気がします。これは、オキシトシンというホルモンが分泌されているからです。オキシトシンは別名、愛情ホルモンとも言われており、出産時に陣痛を促したり、母乳の分泌を促したりする作用もあります。

　ストレスを増幅させるのは、コルチゾールという抗ストレスホルモンです。コルチゾールは、ある程度の分泌であれば問題はなく、ストレスも自然と解消されるのですが、増えすぎると過度なストレスがかかり、慢性的な疲労や精神的なストレスとなります。このコルチゾールの分泌を抑制するのが、オキシトシンです。オキシトシンの分泌が増えるとストレスも軽減し、ストレスを誘発するコルチゾールの分泌も抑制されるので、ストレス緩和には欠かせないホルモンです。人間は犬や猫を撫でると、オキシトシン以外にもセロトニンやフェニルエチルアミンが分泌され、これが気持ちを穏やかにしてくれると言われています。心が穏やかになると同時に、イライラやキレることも少なくなるとされています。イルカや馬は無理かもしれませんが、お金と空間が許すなら、ぜひ動物を飼ってみてはいかがでしょうか。

　娘の果林は、少し落ち込むことがあると猫のジルを抱っこしたり、あごをジルの頭に乗せたりして何か話しかけています。そして、そのうちに元気になっていきます。そういえば、子どもは、ペットといる時に真の笑顔になると言われています。この笑顔が彼女にとっての心のビタミン剤となっているのかもしれません。

一人親

　日本の一人親世帯は、年々増加傾向にあります。一人親で生計を立てていくことは大変なことですが、経済的な不安だけでなく、子どもの心への影響を懸念される方が大半です。そのため、子どもが物心つくまでは、がまんしようと離婚を躊躇されている場合もあります。しかし、たった一度の人生です。リセットするのなら早いほうがいいのかもしれません。

　「一人親家庭の子どもは問題児」というように一人親家庭に対する社会の偏見は、今も根強く残っています。変わって欲しい点ですが、簡単に社会が変わらないのなら、そうした偏見を気にしないという自分に変わるしかありません。そして、どんなことが起きても、目の前に存在する問題は、一人親のせいだと関連づけたり、負い目に考えたりしないことです。そうでないと悪循環に陥ってしまいます。もちろん、子どもにも伝わってしまいます。

　特に、死別ではなく離婚によって一人親になった場合には、子どもへの配慮が必要です。まず、子どもに相手の悪口を言わないことです。これは、仲が悪くなりつつある夫婦にも言えることですが、関係が悪くなった夫婦は、相手（パートナー）の悪口を本人に伝えるのではなく、まず、子どもに伝えるようになります。子どもにとって辛いことです。「お父さんは、お金を好きなように使って、ママやあなたのためにお金を使わなかったのよ」というような相手の悪口を言うのではなく、「離婚したけど、あなたが生まれた時には、パパもママも幸せでうれしかったよ。」という言葉を伝えてあげてください。この言葉の記憶だけで子どもは救われるものです。

　それから、何でも一人で抱えこまないことです。まわりの人に助けを求めることは恥ずかしいことではありません。血のつながった親族だけではありません。あなたのことを親身になって助けてくれる人は、たくさんいます。子どもは、親だけでなく地域社会の人の思いや公的支援策と一緒に育てていくものなのです。

保育所、幼稚園、小学校などでは、担任の先生と保護者とでお子さんの状況について情報交換をする二者面談があります。この二者面談がきっかけで子育てに自信が持てなくなったり、先生に不信感を抱いたりする保護者は少なくありません。私のところにも相談にいらっしゃる方がいます。

例えば、二者面談で最初から最後まで子どものマイナス点を指摘されたある母親は、それ以降、園の送り迎えの際に動悸がするようになりました。先生に子どもも自分も否定されたという悲しい気持ちが引き金になったようです。今では、パニック障害と診断され、祖母が送り迎えをしています。

先生の側からすれば、保護者が気づいていないかもしれない問題点を指摘して、改善できればいいという気持ちがあるのでしょう。しかし、親の側からすると、「集中力がない」、「友だちとの協調生に欠ける」、「お片付けが苦手」のようなダメ出しは、親である自分もダメ出しをされたような気持ちになり、落ち込むものなのです。こういう時は、最初にいいことを伝え、後に改善点を伝えるべきなのですが、先生も疲れているのかもしれません。

これは、親子のコミュニケーションにおいても同様です。上から目線で否定的な言葉を掛け続けられた子どもは、自分に自信が持てなくなり、親に不信感を抱くようになります。子どもに必要なのは、できないことを指摘する親ではなく、できるようになったことを一緒に喜んでくれる親なのです。

どうしても子どもの短所を指摘する場合は、「○○ができない」という否定的な言い方ではなく、「○○ができるようになるといいね」のように子どもの勇気づけになるような言い方に変えるといいかもしれません。大切なのは、過去がどうだったか、原因が何かではなく、これからの将来に向けて何が出来るのか、何をするのかということなのです。

三兄妹の心理

　三兄妹の心理について考えてみましょう。

　第一子は親にとっても初めての子どもなので、親も緊張して特別な接し方をします。第一子の写真だけが多いのは、当たり前のことです。第一子は神経質で几帳面な子になりやすく、そのため人の顔色をうかがうようになります。ただし、反抗期になると、それが反動的に出ることもあります。親に近かった分だけ高卒時に離れて暮らしたいと考えることも少なくありません。また、リーダーシップがある場合が多いのですが、本当は甘えん坊で寂しがり屋だったりします。プライドが高いので、素直に自分の気持ちを伝えられないのも特徴の一つです。

　第二子は、独立心が旺盛なため孤立しやすく、早くに親から離れていくと言われています。目立つことをしなければ親の愛情を得られないので、独創的な発想で生きていきます。バランス感覚があり、発想が独創的で競争心も強いので、政治家や起業家や優秀なスポーツ選手は第二子が多いそうです。また、自分は愛されていないのでは、という気持ちがあるので、意識的に1対1で接する時間をつくり愛情を伝えることが大切です。例えば、母親とお風呂に二人きりで入るなどして、愛情を伝えることです。

　それに対して第三子は、生まれた時点で二人の先輩がいます。自分より下の子がいないので、長い間、末っ子として赤ん坊扱いを受けます。そのため、甘えん坊になります。泣いたりして同情を得るような行動で救助してもらうことに慣れてしまうので、他力本願的な人間になってしまう可能性もあります。一方で、小さい時から上の兄妹と接しているため、人と接する能力は高いようです。アイドルに多いそうです。接し方としては、甘やかさないように意識します。また、なんでもできる年上の兄妹を見ているため、「自分はダメだ」という感情を抱きやすいことになります。そのため、普段から十分に認めることで自信を持たせることが大切です。

アメリカのセラピスト、クリッツバーグ(Wayne Kritsberg) が『ACoA 症候群』という本の中で、成人してアダルトチルドレンとなった人々が、子ども時代に機能不全家族の中で、どのような役割を担わされていたのかについて、代表的なものを6つにまとめています。

①ヒーロー（英雄）
　親や社会に評価される子どもです。英雄をしている間は、冷め切った両親の関係が一時的に良くなります。

②スケープゴート（犠牲の山羊）
　非行やケガなど一家の問題行動を全部背負っているような子どもです。これによって家族の真の崩壊を防いでいます。

③ロスト・ワン（いない子）
　家族の中で忘れ去られた子どもです。家族から離れることで自分が傷つくことから逃れている子どもです。

④プラケーター（慰め役の子）
　傷ついている母親に「大丈夫だよ」と慰めの言葉を掛けるような子どもです。多くの場合、末っ子です。

⑤クラン（道化役の子）
　家族に緊張が走る時、急におどけて家族の気を引く子どもです。道化の化粧の下には、寂しい本心が隠れています。

⑥イネイブラー（支え役の子）
　親に代わって下の子の面倒をみたり、手伝いを積極的にしてくれる子どもです。

　これらの子どもたちに共通しているのは、自分の意思ではなく、親の機嫌や家族の雰囲気を察して行動を決めているという点です。そのため、そういう役割を担っていることは、当の本人にはわかりません。また彼らは、人間本来の欲望を持つことができません。親の欲望を自分の中に取り込み、あたかも自分の欲望のように消化して行動するのです。

六つの役割

十人二色
（じゅうにんふたいろ）

　昔、保育所で働いていた頃、ピンクのエプロンを着て保育をしていました。子どもたち（男の子）は、私の姿を見て「やーい、女、女」とひやかしました。「ピンク＝女性」という方程式が４歳、５歳にしてできあがっていたのです。

　男は青、女は赤という色分けは、奈良時代に編まれた『万葉集』にも既に記されています。その頃の男性は、紫ツユクサで染めた青い衣類を身にまとい、女性は、紅花で染めた赤い衣類を身につけていたようです。そしてこの大昔の色分けは、今も色濃く生き残っています。

　先日、九州のデパートでベビー服売り場に立ち寄ったのですが、「男の子用」と書かれた看板の後ろに水色の服が並び、「女の子用」と書かれた看板の後ろには、ピンクの服がずらりと並んでいました。さらに性別が分からない場合用ということで、白と黄色の服が集められていました。

　小学校の入学式では、男の子の胸に水色のリボン、女の子の胸にはピンクのリボンが付けられていたり、絵の具や習字のバッグが性別で色分けされていたりします。ランドセル売り場には、カラフルな色のランドセルが並んでいますが、男の子が赤やピンクのランドセルを選ぶと、親や祖父母は必死に変えさせようと子どもを説得するようです。

　子どもの好みは、「十人十色」のはずなのに、社会や大人が「十人二色」の枠の中にはめ込もうとしているのです。例外なのは、戦隊モノです。ほとんどの場合、レッドがリーダーで男性です。男は青で女は赤という社会通念を子どもから取り払うことを意図して設定しているそうです。

　ピンクやお人形が好きな男の子がいても、青色やロボットが好きな女の子がいても否定せず、この子の個性なんだと尊重してあげたいものです。

「親業」で知られるトマス・ゴードンは、相手が何か問題を抱えている場合、その後のコミュニケーションの障害となる12種類の反応をあげています。ここでは、子どもが「今日は学校へ行かない」と言った際の親が返す言葉を例に示してみます。

1. 命令、指示 「だめ、行きなさい。さあ、早く準備して」

2. 脅迫、警告 「行かないと成績下がるし、卒業できなかったら将来苦労することになるわよ。」

3. 説教、教訓 「行きたくなくても行かなきゃいけないの。他の国には学校に行きたくても行けない子だっているのよ。」

4. 忠告、解決策 「ママが車で送ってあげるわ。学校に行って先生に相談してみましょ。」

5. 講義、教示、事実の呈示 「今日は5時間目までだから、早く終わるわよ。それと今日の給食はカレーよ。」

6. 判断、非難、批判 「そうやっていつもイヤなことから逃げようとするんだね。本当に弱虫だな。」

7. 賞讃、ご機嫌とり 「勉強もスポーツもできるし、あなたは、うちの自慢の子どもなんだから。」

8. 悪口を言う、馬鹿にする 「家族の中であなたが1番だめな子ね。あなたは、うちの恥さらしだわ。」

9. 解釈、診断、分析 「友だちとけんかでもしたんだろ。それとも親を困らせたいのか。」

10. 説得、同情 「かわいそうに。でも行ったほうがいいよ。」

11. 探る、尋問 「どうしたの。何があったの。正直に言ってみなさい。」

12. 引きこもり、ごまかし 「いい天気。富士山が見えるわよ。」

　1〜5は、私が導かないとだめだ、6〜11は、あなたは変よ、理解できないわ、12は、この事実を認めたくない、という気持ちが隠されています。あなたにも思い当たる節はありませんか。

理解できる言葉で

　先日、子どもと遊んだ公園の帰り道に前を歩いていたお母さんが、突然、お子さんに向かって大声で叫びました。「○○ちゃん、ストップ！」次の瞬間、お母さんの前を歩いていた○○ちゃんは、水路に落ちていました。お母さんは、びしょぬれになった○○ちゃんを抱きあげながら言いました。

　「どうしてストップって言ったのに止まらなかったの！」
すると○○ちゃんは、「ストップって、なにー？」と泣きながら答えたのです。

　またNHKの「おかあさんといっしょ」の「ぱわわぷたいそう」は、歴代の体操曲と比べて子どもたちになかなか覚えてもらえませんでした。なぜなのでしょうか。答えは簡単です。サビの部分の「パワーアップ」という言葉が子どもたちには理解できなかったからです。テンポも速すぎます。テレビや音楽関係者は、こうした間違いを時々起こします。

　小学校で、「○○にチャレンジ」という授業を行ったところ、某社の『チャレンジ』という学習教材を家庭で取り入れている子どもたちが、ワークシートの宿題をするんだと勘違いしたという話があります。

　ここで子どもたちに英語を使わないようにしましょうと主張するつもりはありません。国語辞典には、たくさんのカタカナ言葉が日本語として記されています。カタカナだけではありません。明太子や金平糖や瓦も外来語です。「いないいないばあ」は、韓国伝来という説があります。

　問題は外来語か日本語かではなく、普段、子どもに理解できない言葉で伝えようとしていないかということです。こちらが理解していても相手が理解しているとは限りません。言葉の獲得過程にいる子どもたちには、難しい言葉ではなく、わかりやすい言葉で伝えたいものです。

子どもが「見て見て」と描いた絵を見せにきたら、あなたは何と言いますか。「じょうずだね」とか「うまいね」という言葉を発していませんか。ごく普通に用いられている「じょうず」や「うまい」は、実は、技術がすぐれていることを表す言葉です。この言葉を使い続けると、「絵は、技術が大事。似ていることが大事だ」などといった誤った観念を子どもの中に生成しかねません。実際に小学校の高学年になって、描くことやつくることが嫌いになっている子どもたちと話をすると、自分には、写実的に描ける技術や丁寧につくる技術がないのだと技術的な劣等感を抱いていることがほとんどです。

では、どういった言葉を掛ければいいのでしょうか。「下手だね」とか「ひどいね」というマイナスの言葉は問題外ですが、「じょうずだね」や「うまいね」という言葉の代わりに「すごい」という言葉があります。「すごい」は、何がいいのか具体的にはさっぱりわかりませんが、具体的でないところが、潜在意識にとってプラスになります。それでいて、子どもにも否定されているのではなく、自分を認めてもらっていることはちゃんとわかります。まさにすごい言葉です。ちなみに次点は、「いいねえ」です。「すばらしい」でもかまいません。

ただし「この象の鼻がすごい」は上から目線のほめ言葉となる可能性があります。「僕はこの鼻が気にいっていないのに、この人は何もわかってないな」と受け取られてしまう可能性があるのです。この場合、横から目線で言葉を発するのなら、「私は、この象の鼻が好きだな」とアイ・メッセージ（p.122を参照）で伝えるといいかもしれません。これなら子どもの思いと食い違っていても一人の人間の意見として納得してもらえます。

描くことだけではなく、音楽や調理やスポーツなど「すごい」や「それいいね」は万能選手ですので、いろいろな活動に用いることができます。

ルールと約束

　お子さんがゲーム機や携帯電話がほしいと言い出した時が、親子のコミュニケーションのチャンスです。間違っても、この要求を黙って受け入れることだけはしないでください。

　我が家では、ゲーム機の要求があった時に、家族で話し合いをしました。まず、子どもの要求を話してもらいました。友だちがやっているのを見て自分でもやりたくなったというような理由でした。続いて、親がゲームをすることの弊害を子どもたちに提示しました。「宿題は、今まで通りにやれるのだろうか」、「やり過ぎると目が悪くなるかもしれない」、「知らないうちにネットにつながってお金を請求されることはないか」というものです。そして、「どうしたらいいと思う」と子どもたちに投げかけました。条約の締結には欠かせないプロセスです。

　すると、子どもたちは買ってほしい一心で自分たちから妥協案を提示してきました。「1日1時間を守る」という条件提示でした。もちろん、ここで簡単に承諾するわけにはいきません。世の中は、そんなに甘くないのです。こちらからは、「1日30分」という条件を突きつけました。「えー」と最初は、困惑したのですが、結局「1日30分」で指切りげんまんとなりました。

　ポイントは、ルールは少ないほどいいし、もしつくるのなら、一方的にルールを押しつけないということです。親が勝手に決めたルールは、大抵守ってもらえません。親の一方的な管理や規制は、破られるために存在するものです。反発を食らうだけなのです。それに対して、ルールを決める過程に子ども自身が関わっていると、子どもは、自分からルールを守ろうとします。

　そして約束を守った時には、「いい子だ」と上から目線でほめるのではなく、ムーミンママのように笑顔で喜んでみせることです。これも認めることです。何しろ子どもにとって、母親の笑顔を見るのは、最高のしあわせなのですから。

＜指きり げんまん＞

　「指きり げんまん うそついたら 針千本飲ます」とは、どういう意味なのでしょうか。すでに12世紀には、武家が失敗したことに対する責任として自分の指を切る「指切りの刑」というものがあったようです。その後江戸時代には、約束のあかしに小指を切り、相手に渡す習慣がありました。それで指切りげんまんは、小指でするようになったようです。また、親指を切り、その血を使って拇印を押す習慣もありました。これも約束のしるしです。一方「げんまん」は、漢字で書くと拳万であり、げんこつで1万回殴るという意味になります。つまり、約束のあかしに指を切り、約束を守らなければ、1万回げんこつで殴り、さらに針を千本飲ませるという途方もなく恐ろしい契約なのです。

　ちなみに海外で指切りの動作は、「仲直りのジェスチャー」だったり「友情の証」だったりします。お隣の韓国では、親指同士を合わせる（判を押す）のが約束のしるしでしたが、最近では、小指を絡めてから親指同士を合わせる動作になっています。

やりたい習い事

お子さんは、何か習い事をしていますか。

昔は、ピアノが習い事の1位でしたが、現在は、スイミングが1位になりました。スイミングは、風邪をひきにくくなるといった健康面だけでなく、いざという時に命を守ることにつながります。それだけでなく、送迎バスを持ち、自宅まで送ってくれるということも強みなのではないでしょうか。親が送り迎えに行かなければならない習い事は、負担が大きすぎます。

それに対して、ピアノは送迎もなく、何よりも家で課題をする必要があります。楽器メーカーとしては、家で課題をするために楽器が売れますので、力を注ぎたいところだと思いますが、家で課題をしなければならないことが、不人気の原因となって落ち込んでいったようです。

子どもの可能性を引き出したいという思いから、習い事をさせたいと考えるのは、親として当然のことです。どんな習い事を選ぶにせよ、子どもが楽しく続けられるように、親としてはサポートしていきたいものです。

しかし一方で、自分が子ども時代に憧れていた習い事を我が子に習わせたいと考える人もいます。自分の夢を我が子に託そうというものです。これが、子どもにとって負担となることもあります。子どもは、親の分身や所有物ではありません。一人の人間として認めるのであれば、親の思いは、かたわらに置き、子どもの気持ちを尊重して習い事を決めるべきです。自分でやりたいと考えた活動を続けることで意欲や忍耐力が育ちます。子どもの中に眠っている宝物を見つけて、長い時間をかけて輝かせていくような温かい気持ちで応援してあげたいものです。

子どもだけでなく、ママやパパも子どもの時にやりたいと思っていたことをやっぱりやりたくなったら、状況が許せばやってしまうべきだと思います。年齢なんて関係ないですよ。

私の母は、早くに亡くなったのですが、残された父は誰に頼るで
もなく一人で気丈に生活していました。しかし、脳梗塞と認知症と
診断され、本人は、私たち家族のそばで暮らすことを選択しました。
ある意味でうれしかったのですが、その後が大変でした。子育てを
しながら介護をするダブルケアという状態になるのでしょうか。し
かもそれは、突然にやってきました。

　子どもたちにとっては、たまにしか会わないおじいちゃんと話
ができ、心の成長にとっても好ましいのではないかと考えたので
すが、すでに、会話が成立しにくい状態になっていました。大きな
子どもが、一人増えたような感覚でした。妻は、大変だったと思い
ます。しかし、本当の父親のように接してくれました。私の選んだ
パートナーは、すごい人だったのだとあらためて感心しました。今
でも心から感謝しています。

　平均初婚年齢が30歳を超え、女性の晩婚化が進んだことに伴っ
て出産年齢が高年齢化（晩産化）し、昔は重なることのなかった親
の介護と子育てを同時にしなければならないダブルケアという状態
が増加しています。子育てと介護に加えて仕事をこなさなければな
らない事態になるとさらに大変です。

　精神的な負担、体力的な負担、経済的な負担に加え、親族や兄妹
間の認識や負担のずれは、当事者にとって大きなストレスとなりま
す。今後、社会全体で対応策を考えていかなければならない課題と
なることでしょう。

　私の父は、突然に亡くなりました。優しい人だったので、みんな
に長らく迷惑をかけたくないと気遣ったのかもしれません。しかし
子どもたちは、祖父の死をうまく理解できなかったようです。火葬
場で遺骨になって目の前に出てきた祖父を見て、初めて死を実感し
たのか急に泣き出しました。今では、星を見て、「あれがおじいちゃ
んの星かな」と言っています。

ダブルケア

「悟りの窓」と「迷いの窓」

　源光庵は、京都市北区にある曹洞宗の寺院です。丸い「悟りの窓」と四角い「迷いの窓」が意味ありげに隣り合わせに並ぶ寺院です。以前、この窓の前に一人で座り、なぜ悟りが円で迷いが四角なのかの問いに自分の中から湧き出るものを待ちながら、哲学的な瞑想状態とやらに浸ろうと息巻いていた時、突然、5歳くらいの女の子が来て、「ねえ、ママ、見て見て、葉っぱがすっごくきれいだよ。」と叫びました。その途端、私の口角は緩み「やっぱり、子どもには負けるわ」と心の中でつぶやきました。大人の思考が子どもの無垢な感覚に敗北した瞬間でした。

　子どもは、しばしばこうした散文的な内容で自身の印象を表現します。「きれい」、「おもしろい」、「かわいい」など連体形語尾が「イ」のいわゆる「イ形容詞」です。これらは、肯定語であることはわかりますが、定型的な表現の域を出ていません。しかし、それらが定型的だからと言って、子どもの見方が浅いとは限りません。語彙は限られていますが、その子なりの意味を持っているのです。「悟りの窓」を見て「きれいだよ」と叫んだその女の子は、最初に定型的な言葉を口にしましたが、その後、畳に座って二つの窓を見ながら、「なんでだろ、丸いのが一番きれい。」と意味のあることを母親と話していました。

　人間は、最初の6秒ほどで相手の第一印象を知覚し、自分の記憶の中にある情報と照らし合わせます。「この人はこういう人だ」というものです。ここに想像力が介入するといわれています。そして、この6秒で得た対象の第一印象を修正するのに相当な時間がかかります。初対面の印象をぬぐうのに長い時間がかかるのもこのためです。小説は、6秒読んだだけですごいという言葉を発することはできませんが、視覚情報は、見た瞬間に感じてしまうものなのです。

　親としては、その言葉を広げたり深めたりできるような言葉掛けを準備しておきたいものです。

「悟りの窓」と「迷いの窓」(京都:源光庵)

　悟りの窓の丸(円)は「大宇宙」を表しているそうです。そして、迷いの窓の四角は「釈迦の四苦」のことで、生老病死を表しているといわれています。
　苦とは、「思うようにならない」ことを意味しています。
①生②老③病④死の四苦に加え、
⑤愛別離苦(あいべつりく)－愛する者と別離すること
⑥怨憎会苦(おんぞうえく)－怨み憎んでいる者に会うこと
⑦求不得苦(ぐふとくく)　－求める物が得られないこと
⑧五蘊盛苦(ごうんじょうく)－五蘊(人間の肉体と精神)が思うがままにならないこと
の四つの苦を合わせて八苦といいます。

ポップコーン

　先日、ある小学校の給食の時間に、たまたまポップコーンの話になりました。そこで「おうちでポップコーンをつくったことある？」と尋ねてみました。すると、「ママがチンしてつくってくれるよ。」という答えが返ってきました。私には意外な答えでした。ポップコーンは、フライパンにバターをひいて、乾燥コーンを入れ、ふたをしてポンポンという音を聞きながらつくるものだと思っていたからです。レンジならフライパンを洗わなくてもいいという利点が想像できますが、何だか違うもののようです。

　そういえば子どものころ、できあいのポップコーンは、どうしても好きになれませんでした。歯にくっつくこと、グニュッとした食感、ごみみたいな茶色い皮、何より中途半端でパンチのない味が嫌いだったのです。

　ある日、母親が家でポップコーンをつくってくれました。その時初めて、ポップコーンがとうもろこしからできていることを知りました。できあがったポップコーンを食べてまた驚きました。歯にくっつかないし、グニュッとしていないし、バターの甘い香りと塩味が最高だったのです。ポップコーンに残された茶色いごみのようなものが、とうもろこしの一部だと気づくとそれが愛おしくさえ感じられました。その日から、休日のおやつの定番は、ポップコーンになりました。そしていつしか、自分でも見よう見まねでつくるようになりました。

　子ども時代の経験は、時に一生忘れられない思い出となります。私の母は、すでに亡くなりましたが、ポップコーンを食べるとなぜか母親のことを思い出します。親子の思い出は、子どもの中に生き続けているのです。

　実は、私が定期的にディズニーリゾートに子どもたちを連れていく理由は、母親の記憶がよみがえるあの香ばしいポップコーンを食べたいからです。これは、妻や子どもたちには内緒ですが。

息子の歩夢がもうすぐ２歳になろうとしていた時、りんごを口に入れ、もぐもぐしながら「りんごジュース」と叫んだのです。母親は、「これは、りんごジュースじゃなくてりんごよ。り・ん・ご。」と伝えたのですが、やはり「りんごジュース」と言いながらうれしそうな顔をして食べています。りんごジュースが飲みたいのかな、とも考えたのですが、そのりんごを一口食べてみてわかったのです。ほんの１時間ほど前に農園でもいだばかりのりんごだったので、一口かんだだけでりんごジュースが口の中にあふれ出たのです。確かにそれは、りんごではなくりんごジュースでした。

この時、こんなりんごを我が子にもっと食べさせてあげたいという思いになり、りんごの木を育てることになりました。その後、引っ越しをしましたが、りんごの木も一緒に引っ越しをしました。大雪で根元から折れてしまったこともありましたが、子どもたちが、くっつけてひもをぐるぐる巻いておいたら、いつの間にかくっついていました。りんごの生命力には感服です。

そして最近、ようやく実が実るようになりました。食べてみたのですが、残念ながらりんごジュースは出ませんでした。すっぱいだけでした。そこで、レンジでチンしてみることになりました。すると、何とも美味な焼きりんごになりました。紅玉という品種だったのですが、我が家のりんごには、生でかじるよりも焼くことのほうが合っていたのでしょう。

こうして、冬になると紅玉の芯を抜き、皮が爆発しないようにところどころに穴を開け、レンジで５分間チンして食べる焼きりんごを子どもたちがつくってくれるようになりました。誰がつくっても同じ味なのだと思いますが、「やっぱり、うちの焼きりんごが一番美味しいね」と夫婦で口をそろえて言ってしまいます。

最近は、焼いた紅玉りんごにヨーグルトをかけたり、チーズをのせて焼いたりと新しいことにも挑戦しています。

りんごジュース

給食の時間

　小学校の授業研究会や保護者向けの講演会によばれると、子どもたちと給食を食べる機会を設けていただくことがあります。愛媛県では、オレンジジュースでご飯を炊いたオレンジピラフをいただきました。石川県では、漆塗りの器で給食をいただきました。熊本県では、竹の食器で給食をいただいたこともあります。すべて陶器の器で給食を行っている学校や、子どもが自分で作ったお箸で給食をいただく学校もありました。しかし、一番興味深いのは、給食中の子どもたちの会話です。給食の時間は、子どもたちの無垢な心が表面にでやすい時間なのかもしれません。

　先日、ある小学校で１年生と給食を食べていた時のことです。男の子が「あっ、青虫」と叫びました。「えっ、青虫！どこどこ？」とまわりの子どもたちは、大騒ぎになりました。青虫はどこにもいませんでしたが、その男の子は、「絵本の『はらぺこあおむし』がつくった穴だ。」と言って、ロールパンにあいていた丸い空洞を見せました。青虫がかじったように見える穴でした。

　またある時、机に牛乳をこぼした５年生の男の子が、食べるのをやめて、にやにやしながらこぼれた牛乳をながめていました。こぼれた牛乳の先端は、すでに床に落ち始めています。次の瞬間、隣にいた女の子が「何してんのよ。気持ちわるい。」と言ってふきんで牛乳をふいてしまいました。すると、その男の子は、「何すんだよ。牛乳の形がかっこよかったのに。」と言って猛烈に抗議したのです。

　我々にも、こんな無垢な時代がありました。しかしいつの間にか「何してるの、やめなさい」とか「早くしなさい」という言葉をいつも口にする大人になってしまいました。

　子どもを理解するためには、大人の考えを押しつけないようにぐっとこらえて寄り添うことが必要です。それは、簡単なことではありませんが、子どもの無垢な時代を少しでも長続きさせるために心得ておきたいものです。

ある年配の保育士さんから、水道の栓（カラン）をひねることができない子どもが増えたというお話を聞きました。言われて初めて気がついたのですが、私の生活圏には、くるくる回す蛇口がすでにありません。いつの間にか指一本で上下させるタイプのものか、触らなくても手をかざすだけで水が出る全自動の蛇口ばかりになっています。触らなくても水が出るタイプの蛇口は、なぜこれで水が出るのかをすでに考えようとしなくなっています。たまに、手をかざしても水が出てこない時がありますが、次にどう改善していいのか、一瞬、戸惑います。

このように、子どもたちの身のまわりからは、アナログ製品が姿を消し、それに代わってプロセスのわからないデジタル製品が勢力を広げつつあります。子どもの考える力を奪っているのではないかと心配になってしまいます。

先日、畑でできた落花生をみんなで掘り出し、調理したのですが、とても食べられたものではありませんでした。しかし、こんなに大変な工程を経てできているんだということは、十分に伝わったようです。調理をしたり、栽培を体験したりすると嫌いだった食材が食べられるようになることがありますが、プロセスを知ることで愛おしさが生まれるからだと思います。苦労して自分でつくった料理は、どんなにまずくても食べるぞという気持ちになるものですし、一生懸命つくった作品は、誰が何と言おうと捨てられない大切な一品になります。

誕生日のケーキを子どもたちと一緒につくることがあります。次男は、ケーキが苦手でチョコレートケーキ以外は食べないのですが、一緒に作ったケーキは残さずに食べてくれます。

時には、子どもと一緒に材料を集め、最初から何かをつくってみるのもいいのではないでしょうか。結果ではなくプロセスが子どもの心を育てるのです。

わが家の休日

　休日の朝、外は季節はずれの雪景色でした。前日、蓼科山に出かける約束をした息子の理人は、なぜかとても嬉しそうです。これから登る雪山で何をして遊ぼうかといったところなのでしょう。しかし、こんなに積もった雪の中を車で出かけることはできない、とパパとママに告げられると、途端に機嫌が悪くなってしまいました。ここですかさず、ママが雪だるまをつくることを提案しました。さすがママです。早速、靴下を２枚重ね、長靴をはいて家族みんなで雪の中に出掛けることにしました。

　まずは雪だるまです。しかし、雪だるまづくりは、いつの間にか雪合戦に変わっていました。ご近所に迷惑かもしれないと思えるほど楽しそうに騒いでいます。このすきに、私は駐車場前の雪かきをすることにしました。しばらくして、駐車場の横にたまった雪の山を見ると、今度は、かまくらづくりが始まりました。雪を集めるために雪かきスコップとちりとりが登場しました。内部のかき出しには、お風呂の手おけが活躍しました。かまくらもどきを一つ完成させるだけで３時間もかかりましたが、３人の子どもが入ることができる立派なかまくらもどきがなんとか完成しました。

　暗くなってからも、子どもたちは、キャンプで使うランプを持ち出してきて、かまくらの中で遊んでいました。この後、かまくらの中で温かいカップ麺を食べたいというリクエストが子どもたちから出たのですが、あいにく買い置きがなく、かなえてあげることができませんでした。これだけが残念でした。

　これが、わが家の休日です。子どもたちが夢中になれる時間を大切にしています。親は、子どもたちに寄り添い、子どもたちが困った時にだけ支援するようにしています。ああしろ、こうしろと言うことをできるだけひかえて一緒に遊ぶようにしています。しかし、ひょっとすると、大人たちが子どもたちに遊んでもらっているのかもしれません。

＜夜のかまくらもどき＞

　この後1週間ほど、とけずに残っていました。くずれた後は、すべり台に変身していました。雪になると雪かきが一苦労ですが、雪だるまやかまくらづくりがあると、子どもたちも積極的に手伝ってくれます。

子どもにはお金の話とお小遣いを

　日本人には、「お金の話をするのは、はしたないこと」という考え方があります。「あなたは、お金の話ばっかりね」は、相手を認める言葉ではなく、大抵は相手をけなす言葉として受け取られます。子育てにおいても、ほとんどの夫婦がお金の話を子どもの前でしようとはしません。子どもが寝静まってから、夫婦でこっそりと話をしている家庭も多いのではないでしょうか。子どもが「うちは貧乏なの？」と経済的状況を心配して尋ねてきた時、「そんなこと心配しなくていいの」と質問をさえぎってしまうことはありませんか。お給料がいくら減ったとか、給料日まであといくらで生活しなければならないなどのネガティブで生々しい話をする必要はありませんが、労働の対価としての給与、貯蓄の意味、税金の仕組み、お金の使い方などは、小さい時から積極的に話すべきだと思います。

　また、お小遣いも子どもの金銭感覚を育てる重要な制度です。欲しがるものを買い与えるのでは、金銭感覚は磨かれません。欲しいものがいくらで、財布の中身がいくらだから買える、買えないと自分で判断する機会が、将来の自己破産を防ぐ第一歩になります。この意味では、何もしないで自動的にお小遣いがもらえる仕組みよりも、お手伝いの対価としてお金がもらえる仕組みのほうがいいのかもしれません。こうした仕組みを体験することができるキッザニアに連れて行くことも有効です。キッザニアでは、自分が働いたことで対価が得られ、それを貯蓄・消費・投資することを、身をもって学ぶことができます。

　子孫のために美田を残せる人はなかなかいません。美田があったとしても、その子の金銭感覚を磨いておかないと財産はあっという間に消え失せてしまいます。

　将来、お子さんがお金のことで苦労しないように、これからは家庭でお金のことについて、オープンに話し合ってみてはいかがでしょうか。

この夏は、子どもたちと近くの神社にラジオ体操に通っていました。放送の30分も前の6時頃から虫かごを持った子どもたちが集まってきて、蜜が湧いているクヌギの老木をのぞき込んでいます。カブトムシやクワガタではなく、スズメバチであることが多いようですが、このドキドキ感が楽しいのでしょう。時には、国蝶のオオムラサキも蜜を吸っています。

そして、ラジオ体操が始まると、子どもたちは、みんな途端に元気がなくなります。いやいややっているのがわかります。私自身は、曲が流れると勝手に次の動作をしてしまう刷り込まれた意識に照れながら、体操をしてしまいます。これもどうなのかなと思いますが、悲しい性です。

問題は、お盆前のある日のことでした。なぜかこの日でラジオ体操は終了ということで、いつもよりたくさんの子どもたちが出席カードを持って集まっていました。そして、ラジオ体操が終わると、自治会長のおじいちゃんがマイクを持ち、表彰状を読み上げました。7月のラジオ体操開始から全回出席している子どもの表彰です。20数名の子どもがいたのですが、全回出席は2名だけでした。表彰状を受け取ったあとに贈られたこの2名への副賞は、50センチ以上もあるプラスチック製の機関銃のモデルガンでした。

ラジオ体操は、1925年3月にアメリカの生命保険会社が健康・衛生の啓蒙を図る目的で考案し、それを目にした日本人が導入したものです。その後、軍国思想と結び付けられて利用されてきたことは周知の事実です。これを知ってか知らずか、ラジオ体操の景品は、プラスチック製の機関銃だったのです。中国製でした。

それから間もなくして、長崎の原爆投下に対する黙とうを求める放送が響きました。こんなに時間が経ったというのに日本人は戦争から何を学んだのでしょうか。ラジオ体操の明るい曲調が少し嫌になってしまった夏の日でした。

ラジオ体操

ピグマリオン効果 (pygmalion effect)

　ピグマリオンは、ギリシャ神話に登場するキプロスの王です。ピグマリオン王は、彫刻の名人でもありました。彼は自分の理想とする女性の像を彫刻したのですが、その彫像に恋をしてしまいます。そして、その彫像が人間になることを真剣に願うのです。これを見た女神アフロディーテは、ピグマリオン王を哀れに思い、彫刻に生命を与えて人間にします。その結果、2人は結婚し子どもも授かります。自分の理想とする状態を言葉にして願ったり期待したりすると、現実となることがあります。これがピグマリオン効果です。教師期待効果とも言います。

　ピノキオもピグマリオン効果です。ピノキオは、ゼペットじいさんが木でつくったあやつり人形です。ゼペットじいさんは、ピノキオが自分の子どもになりますようにと願いをかけ、最後に、森の妖精が、ピノキオに生命を授けるというお話です。

　しかし、声に出して願えば、誰でもかなえてもらえるわけではありません。また、女神や妖精がいない現代では、人に頼る方法では問題は解決しないでしょう。結局は、努力の質と量なのです。

　日本にも、言葉に魂が宿るとする言霊という考えがあります。言葉が、現実の事象に影響を与えるというものです。「絶対合格」や「夢はかなう」と、声に出して言ったり、張り紙を貼ったりすると言葉に魂が宿り、現実になるというものです。

　反対に、「疲れたあ」と言うとまわりにいる人も疲れてきます。「ダメな子ねえ」と言っていると、まるで暗示をかけられたように、本当にダメな子になってしまいます。こうしたマイナスの効果をゴーレム効果 (golem effect) と言います。期待されず、ダメ出しを続けられると萎縮して結果が悪くなっていくのです。

　人間には、言葉の裏の意味を探ってしまう性質があり、その言葉に隠れた意味から意識的・無意識的に影響を受けて行動するようになるためだと言われています。

真夜中まで起きて仕事をしていると、小学生の次男が突然起きてきました。リビングに置いた通学カバンに顔を突っ込むようにして何かを探しています。

　私「何を探しているの？」、次男「宿題」、私「今からやっても間に合わないよ」、次男「パパって、いじわるだよね」

　そして次男は、宿題のプリントを見つけることなく自分の部屋に戻って行きました。「ああ、やっちゃった」という気持ちです。「今からやっても間に合わないよ」というネガティブな言葉がいけなかったのは明らかです。

　そこであなたに質問です。こんな時、あなたなら何という言葉を掛けますか。今から30秒で考えてみましょう。

　それでは、答え合わせをします。まず、正解例は、
「宿題を思い出して起きたんだね。」、「思い出せてよかったねえ」、「こんな時間によく思い出せたねえ。すごいと思うよ」、「パパも一緒に探そうか」などです。

　一方、言ってはいけないNG回答は、

　「こんな時間まで何やってたの」、「どうして忘れてたの」、「バカだなあ」、「アホやなあ」、「何やってるの」、「まったくあきれるよ」、「もう寝なさい」、「連絡帳に書かなかったからだろ」、「もう2度と忘れるなよ」、「何時だと思ってるんだ」、「お前は最悪だな」、「こんな時間にいい加減にしろよ」、「もう、遅いから明日にすれば」、「無理だよ」、「お兄ちゃんとおんなじだな」、「やっぱり、ママの子だな」、「しょうがない子だなあ」などです。

　これらをコミュニケーション場面のブロッキング（blocking）と言います。思い込み、説教、批判、指示、押しつけ、命令、先読み、同一視、原因究明などのいずれもネガティブな考え方による言葉掛けです。その他、時間を気にして腕時計を見るのもブロッキングです。普段、これと似たような言葉を使っていませんか。

ここで問題です

オケラ

「手のひらを太陽に」という歌をご存知でしょうか。アンパンマンの作者でもあるやなせたかしさんが作詞した歌です。

「ぼくらはみんな生きている　生きているから歌うんだ
ぼくらはみんな生きている　生きているからかなしいんだ
手のひらを太陽にすかしてみれば　まっかに流れるぼくの血潮
ミミズだってオケラだって　アメンボだって
みんなみんな生きているんだ　友だちなんだ」

という歌です。ところで、ここに登場するオケラという生き物を見たことがありますか。地上を歩き、地中を掘り進み、水上を泳ぎ、空を飛ぶ最強の昆虫と言われている全長４センチほどの虫です。体つきは、モグラに似ていますが、顔は、ザリガニに似ているかもしれません。下半身は、エンマコオロギです。

今年の夏、あるコンビニでオケラと遭遇しました。電燈に集まってきたようです。５匹捕まえてきました。子どもたちは、大喜びです。早速、それぞれが学校に持って行きました。先生や同級生に見せるためです。先生も友だちも誰もオケラを見たことがなかったようです。

一目見て、愛おしくなるようなものではありません。茶色くて不細工です。しかし、見れば見るほど愛着がわいてきます。機械音のような「ジーーーーー」という鳴き声も魅力的です。

さて、こういう新しいものを見た時の親の反応が大事です。気持ち悪いという反応を示すと子どもも同様の反応を示します。新しいものに興味・関心を示すと子どもも同様の反応を示します。これが、主体的な力となっていくのです。何にでも興味・関心を示すポジティブな子どもに育てるためには、親の興味・関心が影響します。

食べ物の好き嫌いも同様です。嫌いな食べ物が多い子どもは、親の様子や食べる前の印象によってまずいと判断してしまい、食べようとしなくなるのです。

オケラ（実物大）

かわいい

「かわいい」という言葉は、年上が年下に、強いものが弱いものに、男性が女性にというように、上位にいる側から下位にいる側に掛けられた言葉でした。もともとかわいいは、「気の毒だ」、「不憫だ」という上位から下位への哀れみの言葉でしたが、次第に「かわいらしい」という意味に変わっていきました。かわいいの反対が、「かっこいい」です。かっこいいは、下位側から憧れの上位側に掛けられる言葉です。

かわいいという言葉は、昭和40年代に少女雑誌『りぼん』が、「ふろく」の予告の中で、「かわいい〇〇」と盛んに使ったことによって、少女たちの間に普及していったと言われています。

しかし、いつの頃からか、少女たちは、「かわいい」という言葉を下位にも上位にも何にでも用いるようになりました。何かを初めて見た時に「かわいい」と発言する子どもは多いはずです。女子高生が祖父のような校長先生やおばあちゃんのことを「かわいい」というのは、今や珍しいことではありません。

かわいいは、社会的に上位にいる存在を下位にいる自分の位置に引き寄せ、階層構造を平板化する言葉に進化しているのです。主従の逆転です。家長や長男が、絶対的権力を持っていた時代の名残や、階層構造に嫌悪する母性中心家族との狭間の時代に生まれ育った少女たちの葛藤を表した言葉なのかもしれません。

アドラーは、「すべての人は対等な関係にある」と言っています。しかし少女たちは、生まれながらに子どもという階層に加え、男女という階層を背負わされ、対等でない社会に自分が生まれてきたことに気づいています。「年配をうやまえ」、「男のほうが偉い」という守旧的で閉鎖的な社会への苛立ちを募らせているのです。それらへのささやかな抵抗として、何にでも「かわいい」とい言葉を使うだけなのです。子どもたちの「かわいい」という発言を私はこのようにプラスに解釈しています。

空に浮かぶ雲が象やドラゴンに見えたり、家や車の後ろ姿がロボットの顔に見えたり、むいたみかんの皮が何かに見えたり、海岸に流れついた流木が鹿の角に見えたりするのは、子どもの想像力による「見立て活動」が行われている証拠です。お正月に行われる箱根駅伝のテレビ中継には、必ず湘南の烏帽子岩が映し出されますが、各地の景勝地に伝わるこうした「○○岩」も見立て活動のなせるわざです。閉じた扇子を箸に見立ててそばをすすり食べる落語の芸も見立て活動です。

　自分の目で見て選ぶことや医師が診断することも「見立て」と言いますが、ここで言う見立て活動は、子どもの想像力と深い関わりを持つものです。例えば、丸いクッキー缶のふたをハンドルに見立て、「ブーン、ブーン」と運転するふりをしたり、葉っぱのお皿に泥ダンゴを乗せて「あー、おいしい」とおままごとをしたりした経験は誰にでもあるはずです。

　遊びにもこうした見立て活動が関わるものがあります。見立て遊び、つもり遊び、ふり遊び、ごっこ遊びは、象徴遊びと呼ばれるものですが、子どもの発達にとって重要な役割を担っています。社会性や想像力の発達に欠かせないものです。2歳くらいからはじまるこれらの活動を十分に経験することで、模倣や社会的役割の理解と獲得が行われます。

　見立て活動を親子のコミュニケーションに取り入れてみましょう。例えば、月の模様を見て、何に見えるか話し合ってみましょう。空に浮かぶ雲を見て、何に見えるか話し合うのもいいでしょう。河原や海岸に落ちている石ころだって、いろいろなものに見えてきます。折り紙を適当な形に破って画用紙の真ん中に貼り、破った折り紙の内側や外側にペンで描き足していくのも立派な見立て活動です。こうした活動を十分に行えるような環境を整え、寄り添うことも親の役目です。

見立て

ウサギ

女性の横顔

カニ

本を読むおばあさん

<月と見立て>

　月の模様は、中国、韓国、日本などのアジアでは、うさぎに見立てますが、これはインドの言い伝えが起源だと言われています。アジアでは、他にクワガタと見立てる地域もあります。

　他の地域では、左上を見る「女性の横顔」、「ライオンの横顔」、うさぎの耳を大きな前足に見立てる「カニ」、うさぎの耳を口に見立てる「ワニ」、「本を読むおばあさん」、「水をくむ女性」などにたとえられています。

　満月の夜、お子さんと何に見えるか話し合って見ませんか。

　道路にできた水たまりが、オタマジャクシに見えたので、かたわらにあった葉っぱや枝を使ってオタマジャクシらしくしました。

　最初は、頭の部分の石を河原で見つけました。その後に娘がハートの石を見つけ、ハートを食べる魚をつくることになりました。この間にたくさんの会話が親子で交わされています。

ボランティア活動

　日本には、鎌倉時代から地域住民の相互扶助を意味する「結（ゆい・けち）」という伝統的な地縁活動がありました。沖縄では、「ゆいまーる」、四国では、手間換、手間借と呼ばれています。地域協働のボランティアです。

　ボランティア（volunteer）の本来の意味は、「志願兵」です。「徴集兵」（ドラフトdraft）との違いは、自由意志の有無です。動員・勧誘・強制による活動への参加は、本人の純粋な自由意志に基づかないのでボランティアとは言いません。自分から進んで行っている活動かそうでないのかによって、ボランティア活動と奉仕活動は一線を画することになります。このようにボランティア活動は、個人の主体性に基づき、その技能や時間などを進んで提供し、社会に貢献することです。

　最近では、専門的な知識や技能を備えたボランティアのことをプロフェッショナル・ボランティア（プロボラ）と呼ぶようになりました。例えば、史跡のガイドツアーを担当するボランティアです。プロボラは、単なる人手ではなく、ボランティア活動そのものが自己開発、自己実現につながる学びとなります。生涯学習でもあります。ボランティア活動では、金銭的対価は得られません。しかし、ボランティア活動は、精神的対価を得ることができます。

　市町村によっては、子育て講演会の間、研修を受けた中学生や高校生が託児ボランティアをしてくれるところがあります。こうしたボランティアの経験は、子どもたちの心の中に目に見えない精神的対価を残してくれるはずです。

　現在のボランティア活動の場は幅広く、日常の生活のあらゆる場面におよんでいます。求められている年齢や人材も様々です。特に、青年期には、社会における自らの存在意義や価値を見いだすために有効だとされています。お子さんと一緒にボランティアセンターをのぞいてみませんか。

無垢な子どもは、時に大人をほのぼのとさせる発言をします。わが家では、3人の子どもたちの発言を記録して、時折、読み返しています。あなたも書き留めてみませんか。きっと心が温かくなりますよ。

- 「何歳ですか？」、「2歳です」、「どこに住んでいますか」、「うーんと、えーと、おうちです。」
- 「ぼくって、ちっちゃいね」（ママの後ろを歩きながら）
- 「お月様、お日様とぶつからないでね」（朝、月と太陽が一緒に空にあるのを見て）
- 「○○ちゃんにしかられたの」、「それで泣いたの？」、「泣かなかったけど、ママのところへ帰ろうかなって思ったの。」
- 「どうしてこのトウモロコシには、ひげがはえているのかなあ。ひょっとして、おじいさんなのかなあ。」
- 「鼻水が出なくなったね。」、「もしかすると、鼻の電気がなくなったのかなあ。」
- 「ママのお腹にいたときのことおぼえてる？」、「うん、おぼえてるよ。ママのおなかはやさしいところなの。『ドキンドキンドキッドキッ』ってして、あせかいたの。」
- 「ぼくの目が見えなくなっても、手が一本なくなっても、ママには元気でいてほしい。」（ライオンが鹿を狩る番組を見た後、泣きながら話す。）
- 「ねえ、ママとぼくの命はどっちが大切？」、「むずかしいなあ。」、「ぼくはママの命のほうが大切だよ。」
- 「耳の中のごみは何て言うの？」、「耳あかだよ。」、「でも、何できいろなのに耳あかなの？」
- 「好きな動物は何ですか」、「うーんと、……、パパです。」
- 「大きくなったら誰と結婚するの」、「決まってるじゃん。パパだよ。そう言わないとパパがかわいそうでしょ。」

子どもが発するほのぼのとする言葉

ここまで読んでいただきありがとうございます。

　ここまで読んでいただきありがとうございます。読んでいただいておきながら、言いにくい話なのですが、この本に書いてあることや育児雑誌やテレビの育児番組で話す怪しい評論家の話を鵜呑みにしないようにしてください。

　この後には、コミュニケーション・スキルという具体的な方法のページが続きますが、くれぐれも全部実行しようなどと考えないでください。こうしなければいけないとわかっていても、実際には簡単に実行できないものばかりです。そしてできない自分に気づくと、今度はそれがストレスとなってイライラしてしまう原因となってしまいます。自分がやりたいと思うことだけを、あるいは、自分にできると思うことだけをやってみるというくらいのゆるい気持ちがちょうどいいのです。肩の力を抜いて、自分の目の前に存在する我が子と向き合ってみてください。

　この本に書いてあることを全て実行できる方は、極めてまれな人です。そして、完璧を目指すのは、ご自身にもお子さんにも不幸なことです。実は、書いている私もそれから私の妻もできていないことだらけなのです。こういうことを著者に書かれると少しほっとしませんか。私は、育児書を読むたびにモヤモヤとした気持ちになっていました。「あなたは、やっているのかい」という気持ちです。私の知り合いに、本に書いていることと正反対に近い子育てを実生活でしている研究者がいます。ここだけの話ですが。わかっていてもできないのが子育てなのです。

　さて、最近はインターネットで検索すれば、必要な情報が簡単に手に入りますが、それを見て、私もこうしなければいけないと考える必要はありません。あなたとお子さんとの関係は、世界で一つしかない唯一無二の関係です。どこにも先例がないのです。

　結局は、「自分や子どもの心が一番温かく感じる方法はどれか」という判断基準でご自身の子育てをされることだと思います。

コミュニケーション・スキル

物事が変わるのではなく、自分が変わるのです。
Things do not change, I change.

ブリコラージュ (bricolage)

　我が家の食材は、1週間に何度か、郊外のスーパーに買い出しに行くのですが、その日のお値打ち材料を中心に買い込みます。「半額」とラベルがついた食材も買います。何が冷蔵庫に入っているかは毎週違うので、冷蔵庫にある材料を眺めながら献立を考えます。手巻き寿司、お好み焼き、カレーライス、オムライス、ハンバーグ、バーベキューといった定期的につくるもの以外はすべてこの方法によっています。材料を用意し、計量カップやらタイマーやらの道具を使ってレシピを見ながらつくるという料理は、ほとんどしません。そして、あり合わせの材料とその場の気分でつくるので、おいしいと言われても2度と同じ味のものをつくることができません。こうした料理の方法をフランス語でブリコラージュ (bricolage) と言います。

　ブリコラージュという言葉は、構造主義人類学者のレヴィ＝ストロースがその著書『野生の思考』(1962 年) の中で使った言葉です。フランス語の辞書を引くと「素人の手仕事」とか「日曜大工」という意味が書かれていますが、レヴィ＝ストロースは、これを「限られた持ち合わせの雑多な材料と道具を用いて、目下の状況で必要なものをつくること」という意味で用いました。

　料理に限ったことではありません。コミュニケーションにおいてもブリコラージュは重要な方法です。「今日いいことがあったんだ」という材料に対して、材料の組み合わせを考えて会話を返していくことになります。これに加えて、料理の場合にも材料の扱い方や調理方法、味付けなどの基本的なスキルが必要になります。これがコミュニケーション・スキルです。

　生まれつき料理の得意・不得意があるわけではありません。料理の基本的なスキルを習得すれば誰でも料理はできます。同様に、性格が内向的だからという理由でコミュニケーションが苦手なわけではないのです。コミュニケーション・スキルを習得すれば、誰でもコミュニケーションの達人になることができるのです。

NLP (Neuro-Linguistic Programming) は、日本語で神経言語プログラミングといいます。NLP は、3 人の天才的な心理療法家の共通点を分析することによって生まれました。その結果、天才的な心理療法家の手法が、他のセラピストにも応用できる手法となりました。問題を抱えるにいたった過程にも問題を解く鍵にも無意識が関与しています。無意識を重要な資源と捉え、その活用を目指すものです。そして NLP は、戦場から帰還した兵士を癒やしたり、トラウマの影響を軽減したりする場で活用されていきました。

NLP は、セラピーの分野で生まれたのですが、その後、コミュニケーションの手法として広がりました。現在では、アメリカの大統領など各国の首脳が、立ち居振る舞いや演説に NLP を取り入れています。政治の世界やビジネス界だけでなく、医療、教育、スポーツの世界でも急速に取り入れられています。

NLP には、問題を他人のせいにしないという考え方があります。自分が変われば相手の反応も変わるというものです。

その他に、視覚 (visual)、聴覚 (auditory)、身体感覚 (kinesthetic) の頭文字からとった VAK モデルと呼ばれる人間の 3 つのタイプ分類であったり、視線の位置によって相手の考えていることを読むスキルであったり、クライテリア (価値規準) の明確化であったり、モデリングやリフレーミングであったり、ポジションチェンジであったり、コア・トランスフォーメイションであったり、一見、専門的なようですが、非常に身近で実用的な方法にあふれています。個人的には、八つの質問によって、目標を実現するためには、自分がいま何をすべきかを導き出すエイト・フレーム・アウトカムがお薦めです。

NLP は、セラピー、カウンセリング、コーチング、ヒーリングなどを網羅し、総合化している心理学的手法です。この意味では、最強の実践的コミュニケーション手法であると言えます。

コーチング（coaching）

コーチング（coaching）とは、対話によって相手に自分で問題を解決するための自発的な行動を促すコミュニケーション・スキルです。相手の話を聴き、感じたことを伝えて承認し、質問することで、自発的な行動を促す手法です。自分の中から解決策や戦略を引き出すことに務めます。コーチングでは、子ども自身が素晴らしい資質や能力を持っていると考え、既に持っているそうした資質や能力を高めることを支援します。

本来は、専門的なトレーニングを受けたコーチが、契約を結び、目標を達成することを目指して特定の期間に取り組むことです。このため、具体的な数値目標や成果を設定します。通常、このプログラムは有料で行われます。

コーチングを受けることは、難しいことですが、仕事や子育てにコーチングの手法を取り入れることは可能です。例えば、「よく考えてみなさい」という命令文を「どうすればいいと思う？」という疑問文に変えるだけで、子どものやる気スイッチが入ります。

また、よく言われる5W1HからWhy（どうして）を除いた4W1H（Whoだれ、Whenいつ、Whereどこで、What何、Howどのように）を用いることもコーチングの特徴です。Why（どうして）という理由を突き詰めて行くとどうしても後ろ向きの思考になってしまいます。そのためWhyには注目しません。具合の悪くなった人は、過去に固執しますが、理由がわかっても過去は変わらないのです。しかし、現在と未来なら、変えることができます。未来に視野を向け、そのためにどう考え、何をすべきかという解決策を子ども自身が見つけられるようにするのです。

コーチングにおいては、コーチが試合に出てはいけません。主人公は、選手である子どもです。しかし、夏休みの宿題をちょっとだけ手伝うつもりだったのに気がついたら、親だけで宿題をしているということはよくあることです。どうかご注意を。

110

親業は、アメリカの臨床心理学者トマス・ゴードンが開発した親子のコミュニケーション・プログラムです。

親業の３つの柱（聞くこと・話すこと・対立を解く）を日常生活の場面で実践していくことによって、次のように親子関係を変えていくことができます。

①子どもが自分の気持ちを素直に出すようになります。

②親もありのままの気持ちで子どもに接することができます。

③日常生活の中で思いやりと愛情に満ちた親子の対話、対応ができるようになります。

子どもは親を困らせようと思って行動しているわけではありません。子どもの行動は、親に送っているサインです。子どもの行動の奥には、必ず親に伝えたい本心があります。しかし、ほとんどの親は、子どもの本心とは別にある自分の考えを子どもに押しつけています。そして思い通りにならない子どもを何らかの形で責めているのです。同時に、子どもではなく自分が考えを変えなければいけないことにも気づいているはずです。しかし、それをどうすればいいのかがわかりません。

一方、子どもは独自の欲求を持っています。子どもの欲求と親の気持ちがそのままでは折り合わないような場合、当然、対立図式になります。こうした場合、親が一方的に自分の意見を押しつけるのではなく、また子どもの欲求にいつも応じてしまうのでもなく、対立している問題を親と子の両者が納得できるように解決していかなければなりません。こうしたことを親業では「対立を解く」と呼び、問題解決の方法を「勝負なし法」と呼びます。

他にも「私・メッセージ」や「能動的な聞き方」などを用いて訓練します。このため親業は、親業訓練法と呼ぶこともあります。そうです。親業は、トレーニングなのです。訓練しなくても親なのですが、訓練すればもっといい親になれるのです。

親業（parent effectiveness training）

マインドフルネス (mindfulness)

マインドフルネスは、19世紀にイギリス人がスリランカを訪れた際に出会い、その後ヨーロッパで広まったとされています。元々は仏教に起源を持つ瞑想法です。しかし現在では、ただの瞑想法ではなく、脳科学者や精神科医が研究対象とする科学的な休息法になりつつあります。

現代人は疲れています。そして、子どもたちも疲れています。そうしたストレスが、子どもの脳に有害な影響を及ぼすことが明らかになっています。過去のことをくよくよと考えたり（反芻思考）、これから起きる未来のことを不安に思ったりすることで、脳は疲労すると言われています。ソーシャルメディアには、知り合いの様子が分刻みで表示され、休みなく対応することがストレスになります。

マインドフルネスは、現在の自分の思考に気づき、自分の感情に気づき、自分の身体感覚に気づくトレーニングです。感情のバランスを保つために欠かせない呼吸法などによって、ありのままの現在の自分を確認するのです。良いとか悪いという評価や判断を入れずにありのままの自分に気づくことです。同じ時間、同じ場所で毎日続けることが有効です。

私は、毎日マインドフルネスの歩行瞑想をしながら通勤し、お風呂でマインドフルネスの呼吸法をやり、寝る前にメッタ・プログラムを実践しています。その結果、夜中の2時とか3時に目が覚めること（途中覚醒）がなくなりました。

現在は、マインドフルネスのCDを子どもと一緒に聞きながらエクササイズに励んでいます。子どもの心の成長のためにも欠かせないものです。

しかし、マインドフルネスは、この本の中でコンパクトに解説するのが最も難しい項目です。小手先のテクニックや表面的な手順だけを説明しても伝わらないと思います。興味のある方は、ぜひ関連書籍を読んでみてください。

ＡＢＣ理論のＡＢＣとは、

A（Activating event）出来事

B（Belief）信念、思いこみ

C（Consequence）問題、悩み

のことです。ＡＢＣ理論は、人のものの見方・考え方を理論化し、人間関係のあり方に大きな影響を与えたアメリカの臨床心理学者アルバート・エリス（Albert Ellis）が1955年に提唱した論理療法の中心概念です。D（Dispute）の反論を加えてＡＢＣＤ理論ということもあります。さらにE（Effect）の効果を加えてＡＢＣＤＥ理論という場合もあります。

エリスによると、悩みとは、出来事によって引き起こされる反応ではなく、状況や出来事を人がどう受け止めたかによって引き起こされるというものです。つまり、Ａの出来事が、Ｃの問題や悩みを生み出すのではなく、Ａの出来事をどう受け止めるかというＢの信念や思いこみが、Ｃの問題や悩みを生み出すというものです。Ｃの問題や悩みを解消するためには、Ｂの信念や思いこみを修正していけばいいのです。

例えば、夏休み終了まで残り５日という状況があるとします。ある子どもは、あと５日しかないと不安になります。別の子どもは、まだ５日もあると安心します。ここにどのような違いがあるのかというと、子どもの中のＡの出来事を受け止める考え方に違いがあるだけです。釈迦は、「悩みは自分がつくる」と説きましたが、自分の考え方が悩みを生んでいたのです。

「私の子どもはこうでなければならない」、「父親はこうあるべきだ」という思い込みを持っている場合に、現実とのギャップから悩みが発生します。信念や思い込みの多い人ほど悩みは多くなることになります。他人に相談して、悩みが解消されることがあるのも、自分の思い込みを修正する視点を提供されるからです。

うなずき（nod）

お子さんが話している時、うなずきながら話を聴いていますか。うなずきには、いくつかの種類があります。

まず、あなたの話を聴いているわよという「傾聴のうなずき」です。子どもが話し始めたら、とにかくうなずきです。話すことになれていない子どもは、「うん、うん」と相手にうなずかれながら話を聴いてもらえるだけで落ち着くことができ安心するものです。

もう一つは、「賛同のうなずき」です。自分と同じ考えや気持ちに出会った時にする小きざみなうなずきです。「私も同じよ」、「それ、わかる、わかる」という気持ちがこめられています。拍手をしながらすることもあります。「傾聴のうなずき」がただのマルなら、「賛同のうなずき」は、花マルのうなずきです。

三つ目は、話している人自身がする「発話中のうなずき」です。発話中に「これ、おいしいね」の「ね」のあたりでするうなずきです。話の区切りや大事な言葉のところで相手の共感を求めてするものです。自分自身に確認を求めるためにする人もいます。商品のセールスポイントに賛同を得たい営業マンには、必須のスキルです。

そして、どのうなずきにも肯定の意味合いが含まれています。それが証拠に、肯定的にうなずきながら同時に否定的に怒ることはできません。誰でも肯定されると親和感や安心感を覚えます。反対に、無反応でうなずかない人には、否定されているのではないかとか、聞いていないのではないかと不安になるものです。

個人的には、うなずきの習慣は、夕ご飯の会話がつくると考えています。テレビを消して夕ご飯に会話をすると、うなずきをする子どもが育ちます。また、うなずきは連鎖します。うなずきの多い母親からは、うなずきの多い子どもが育ちます。私は、家族みんなでうなずきながら夕ご飯を食べている時に心から幸せを感じます。

今日から相手の話を聴きながら積極的にうなずいてみてください。きっと笑顔が増え、会話がはずみますよ。

会話を円滑にする大切な小道具にあいづちがあります。相手の話の合間にはさむ「はい」、「うん」、「なるほど」、「たしかに」、「そうなんだ」、「ふうん」、「へえ」、「ほお」、「私も」、「そう思います」、「わかります」、「素敵」、「大変だったね」、「すごい」、「おっしゃる通りです」などの言葉です。民謡の「合いの手」もあいづちに似ています。最近では、「かわいい」をあいづちに用いる人もいます。

これらのあいづちの中で、「へえ」、「ふうん」、「そうなんだ」というあいづちは、会話を終えるための合図となります。「この話はもう聞いたし興味が無いから、終わりにしましょう」という意味が隠されています。話している人は、「この話には興味がないな」と受け取り、会話が終了に向かってしまうことになります。

これに対して、「なるほどいいね」、「たしかにひどい」、「私もそう思う」、「それ、わかります」、「すごい」、「おもしろそう」などのあいづちには、「嬉しい」、「素敵」、「心配」、「つらい」、「大変」という相手の気持ちが込められています。これらは、気持ちを伝えるのに効果的なあいづちです。これが「もっと話の続きが聴きたい」という意味として相手に伝わります。

話を主体的に聴く手法として有名なのは、カール・ロジャーズが1957年に提唱したアクティブ・リスニング（active listening）です。日本では「積極的傾聴」と呼ばれます。これに対して受動的傾聴をパッシブ・リスニング（passive listening）といいます。聴くと聞くの違いに似ています。アクティブ・リスニングは、「聴く」と関係があり、パッシブ・リスニング は、「聞く」と似ています。

ロジャーズは、アクティブ・リスニングを重視した会話法を提案しています。このアクティブ・リスニングに使える代表的なあいづちが「なるほど」、「それはいいですね」、「よかったですね」です。 相手の行動や意見を肯定しており、相手は、この人にもっと話をしたいと感じることになります。

あいづち（back channeling）

オウム返し（back tracking）

　俵万智の「『寒いね』と話しかければ『寒いね』と答える人のいるあたたかさ」という短歌は、オウム返しに関する芸術作品の最高傑作だと思います。オウム返しによって、相手は自分の言葉が理解され、受け入れられているという温かい感覚を持ちます。

　オウム返しの基本は、オウムが口真似をするようにシンプルに相手の発した言葉をそのまま返すことです。「今日は、最悪な日だった」→「最悪な日だったんだね」という具合です。この時、感情を読み取り、同じような感情のトーンで返すことが重要です。暗いトーンなら暗いトーンで返します。

　しかし、これだけを何回も続けていると、不自然な会話になってしまいます。これでは、相手との距離は縮まりません。

　「昨日は、とても疲れていて早く眠ったんですけど、なぜか夜中の２時に目が覚めちゃって、その後、これからのことを考えていたら朝まで眠れなかったんです。」のように話が長い時も、当然、そのまま全部リピートしてはいけません。こんな時は、相手の話がひと息ついた時に、「２時に目が覚めて眠れなかったんですね」のように話の内容を要約して返します。この要約をサマライズ（summarize）と言います。この時に、自分で別な内容に言い換えないことです。言い換えは、パラフレーズ（paraphrase）と言います。こちらは、誤解されたとか歪曲されたと受け取られやすいので上級者向きです。先読みや思い込みが強い人は特に注意しましょう。

　オウム返しは、無意識層に働きかけるスキルですので、なるべくシンプルにすべきです。そうしないと相手に意識されてぎこちない会話になってしまいます。短くシンプルなオウム返しをするには、会話中のキーワードを探す必要がありますが、何回も登場した言葉や、語調が強くなった言葉を頼りに相手に返していきます。オウム返しは、頭で考えるだけでなく、普段の会話の中で何度も何度も練習してみることです。

自律神経は、意志とは無関係に体の働きを調整する神経で、呼吸、消化、発汗、体温調節などに関わっています。自律神経には、活動時や昼間に活発になる交感神経と、安静時や夜に活発になる副交感神経があり、24時間、365日休むことなくお互いがバランスをとりながら調整しています。昼夜が逆転してしまった子どもに最初に起きるのは、自律神経系の不調です。

また、自律神経と呼吸には深い関係があります。息を吸う時は、交感神経が優位となり、息を吐く時は、副交感神経が優位となります。ヨガでゆっくり息を吐くのは、リラックス時に働く副交感神経を意識してのものです。これによって、ホルモンの分泌や免疫機能が高まるのです。

現代人は、昼間のストレスで交感神経が常に優位になる環境で暮らしています。しかし、昼間であっても呼吸で副交感神経を優位にして、自律神経のバランスを調整することができるのです。特に腹式呼吸が大切です。腹式呼吸には、いろいろな方法がありますが、私が毎日やっている方法をご紹介します。

口を閉じた状態で鼻から4秒間息を吸います。次に口を少し開き、口からゆっくり8秒間かけて息を吐きます。出来るだけ時間をかけてゆっくりと吐き出すことがポイントです。

腹式呼吸を10分以上続けると、癒やしホルモンであるセロトニンの分泌が高まることがわかってきています。ちなみに血圧も下がります。お子さんが緊張している時には、この腹式呼吸を教えてあげてください。簡単に緊張がほどけます。

反対に、試合の直前の時のように子どもを奮い立たせたい時には、「ふっふっ、はっはっ」というマラソン選手の浅い呼吸をします。この場合も「ふっふっ」で鼻から息を吸い、「はっはっ」で口から息を吐き出します。これによって、交感神経を刺激し、やる気に満ちた戦闘態勢に入ることができます。

自律神経と腹式呼吸

目は口ほどにものを言う

　目を見て話さないお母さんやお子さんと話すことがあります。「早くその場から立ち去りたい」という心理が働いているのでしょう。それが、目を見て話さないという行動につながるのかもしれません。このように、目は口ほどにものを言います。

　人は緊張すると、脳内のドーパミンが増え、その影響でまばたきをします。相手の目を見ながら「うそついてるでしょう」と言ってみてください。うそをついている場合、まばたきをしながら右上を見ます。人は、記憶した過去を思い出そうとする時は、左上を見ます。うそをついている時や想像している時は、右上を見ます。感覚を思い出す時は、右下を見ます。脳のどこを働かせているかという機能局在との関係によるものです。ただし、左利きの人の中には、左右が反対の人がいます。

　また不安で言葉を発しにくい子どもは、しゃがむなどして子どもの視線と同じかこちらの視線を低くして話し掛けるようにします。迷子に話し掛ける時も同様です。ディズニーランドで風船を売るキャストは、ひざまずいて視線を低くして風船を渡しています。反対に、しかる時は、子どもよりも目の高さを高くして話します。ペットの犬と対応する時と同じです。

　また、不安を抱えた子どもの話を聞く時には、じっと目を見続けると相手にストレスを与えることになるので、目を見たら、時々口元に視線を移すようにします。歯の矯正をしている子どもは、口ではなく、時々おでこ、あるいは鼻に視線を移して、口に視線を送らないようにします。本当に話しにくい子どもは、正面からではなく、机の二辺にL字型に座るような90度の位置関係で話すとよいでしょう。ソファに並んで座り、話をするのもいいかもしれません。

　目から目までの距離も重要です。初対面の人や悩みを抱えている人と話す時は、普段よりも距離をあけます。不思議なことに親密になるにつれて、この距離は縮まっていきます。

「聞く」と「聴く」

きくには「聞く」と「聴く」があります。カウンセリングでは、listening（言葉を音声として聞く状態）と active listening（言葉の奥にある意味や感情を主体的に聴く状態）という使い分けがされています。受動的に聞き流すことを聞くといい、話し手の言葉の中にある事実と感情を主体的に受け止めることを聴くといいます。聴くには、基本的な心構えとして、相手の考えや気持ちを相手の立場に立って理解する共感的理解と、自らの判断や評価の枠組みを消し去り、相手の感情を全面的に受け入れる受容の精神が欠かせません。

日本で浄土真宗を開いた親鸞は、「聞くということは、疑うことの無い心である無有疑心という聞き方で聞くことである」と言っています。確かに疑われながら聞かれたら、話す気持ちにはなれません。こうした親鸞の「聞く」は、今で言う「聴く」だったのかもしれません。それから、もう一つのきく「訊く」がありますが、「訊く」は、質問をするという「尋ねる」に近い意味合いが強いので、聞くや聴くとはかなり異なります。

さて、相手に話をすることと相手の話を聴くことは、どちらが大事なのでしょうか。

ユダヤ人社会には、「神が人間に二つの耳と一つの舌を与えたのは、話すことよりも聴くことを重視したからである。」ということわざがあります。ユダヤ人のコミュニケーションは、人の話に耳を傾けることの重要性を説いているのです。そして一番本質的なユダヤの言い伝えは、「自分が話すことで学ぶことは何もない。」ということです。聴くことによって、人は学ぶのだということをユダヤ人は受け継いでいます。相手に話すことよりも相手の話を聴くことが重要なのです。

言葉が示す表面的な意味だけでなく、言葉の奥にある相手の感情を理解すること、これが聴くなのです。傾聴は、傾聞ではなくやはり傾聴なのです。先入観を持たずに相手の話を聴いてみてください。

119

共感性（empathy）

　一般的に共感と呼んでいる概念は、正しくは共感性（empathy）といいます。

　従来の心理学において、共感性という語には、二つの定義がありました。「相手の感情を自分も同じように感じること」を共感性とする感情面を重視した定義と「相手の思考、感情、行為を理解すること」を共感性とする認知面を重視した定義です。最近では、「相手の感情の理解を含めて、他者の感情を共有すること」というように認知面と感情面の双方を取り入れた定義が優勢になってきています。感情的な共感性は、生まれつき備わっているものですが、認知的な共感性は年齢とともに発達していくとされています。また共感には、共感的体験（他者の内的世界に入っていくこと）、共感的理解（感情を感じ取り理解すること）、共感的応答（それらを伝えること）の３つの要素があるとする考えもあります。

　子どもの頃、不快で泣いていれば、母親がすぐに快適な状態にしてくれたり、子どもが笑えば一緒に喜んだり、幼児の頃に言葉でうまく伝えることができない自分の気持ちを受け止めてくれたりという共感的体験や共感的理解が積み重なって子どもの中に共感性を育てていきます。つまり、親が、共感的に子どもに接することで、その子どもの中には共感性が育つということです。

　そして、このように形成されてきた共感性は、コミュニケーションにとって欠かせない資質や能力となっていきます。感性を身につけた子どもは、他人を傷つけないと言われています。また最も大切な自分を喜ばせたいがために他人を喜ばせるようになるとも言われています。まわりの人が感じていることを自分自身の気持ちであるかのように感じとることができるからです。

　相手に共感しても相手に巻き込まれないということも大事です。巻き込まれて相手に同調してしまうとそれは共感性ではなく同情（sympathy）になってしまうからです。

共感的理解（empathic understanding）

　共感的理解は、カール・ロジャーズが説いたカウンセリングの中核三条件である「無条件の肯定的配慮（受容）、一致（自己一致）、共感的理解（共感）」のうちの一つです。共感的理解は、あくまでも共感的であって、共感性とまったく同じではありません。「相手はこう感じているのだな」という認知的で意図的な理解です。

　まず相手の言っていることを注意深く聴き、相手の感情やこの状態にいたった背景を理解します。それを相手に伝える（共感的応答）ことで、相手も自分の考えを客観視（メタ認知）することにつながります。

　「○○さんにあいさつしているのにいつも無視されて嫌だ」と言っている子どもがいたら「そんなこと気にしないほうがいいわよ」とアドバイスをする前に、この子がどのように感じているのかを、自分の解釈を入れたり、評価したりせずにありのままに理解すること、これが共感的理解です。

　この場合、共感性のように同種の経験やその時の感情になる必要はありません。共感性は、感情優先で対応しますが、共感的理解は、感情よりも思考（理性）で対応します。あくまでも共感ではなく重きを置くのは理解のほうなのです。このため、相手の考えや行動に同意できない時も共感的理解はできます。相手のネガティブな考えには、とても賛同できないという状況があったとします。この場合、反対意見を伝えるのは、好ましくない結果を招くので傾聴に徹し、相手の言いたいこと、わかってほしいこと、訴えていることをありのままに理解しようとすることが共感的理解です。

　感情に敏感だと言われることがある日本人には、共感性は苦にならないかもしれません。しかし、感情ではなく、思考で感情を冷静に理解しようとする共感的理解は、日本人には、難しい意識なのかもしれません。そして、この共感的理解は、トレーニングをつむことによって高めることができます。

私・メッセージ（アイ・メッセージ）

　毎朝、通園や通学の準備がはかどらないわが子を見て、「早くしなさい」、「早くしてよ」と命令口調になってしまうことはありませんか。どこか引っかかる言葉だと感じていてもついつい言っちゃいますよね。「早くしなさい」や「やめなさい」は、一方的な指示や命令に過ぎず、実は子どもと対立する関係が構築されるだけなのです。子どもがわがままになり、怒ったり、すねたり、萎縮したりする原因にもなります。

　また、子育てにおいては、自分から進んで行動する主体的な資質や能力を育てることが大切ですが、命令口調は、人にさせられる受動的な行動であって、子どもの能動的で主体的な資質や能力を育てることにはなりません。

　しかし、この命令口調を子どもにも伝わる言葉に変える魔法の方法があります。それが私・メッセージ（アイ・メッセージ）です。「私は、こうしてほしい」、「私はこう感じている」のように「私（アイ）」を主語として、自分の気持ちを素直に相手に伝える言い方です。

　「（あなたは）何やっているの！」は、相手を非難する上から目線のユー（You）・メッセージです。それに対して、「そんなことしたら、お母さんは悲しいな」は、子どもの気持ちに寄り添いながら自分の気持ちを伝える横から目線のアイ・メッセージになります。子どもも責められている気がしませんから相手の気持ちを受け止め、自分で行動を変えようとします。

　ポイントは、私は（アイ）を主語にして理由を入れ、さらに気持ちを伝えることです。「私（アイ）は、こういう理由があるから○○してくれるとこんな気持ちになる」というものです。

　今日から「早くしなさい」と言いそうになったら、一呼吸おいて私・メッセージに言い換えてみましょう。例えば、「私は、このあと、お友達と約束があるから、早く準備してくれるとうれしいな」を試してみてください。

コミュニケーションにとって、質問は欠かせないものです。

質問には、開いた質問（open question：拡大質問）と閉じた質問（closed question：限定質問）があります。

「何歳ですか？」、「ご出身はどちらですか？」、「何人兄妹ですか？」のように、「はい」、「いいえ」、「山梨です。」、「9歳です。」、「3人です。」、「母です。」などの一言の返答で終わってしまうような質問を閉じた質問と言います。

これに対して「その時、どんなことを考えていたのですか？」のように一言では答えられない質問が開いた質問です。「どのように」、「どうして」、「どんなふうに」、「なぜ」などを用いる質問です。この開いた質問が、コミュニケーションの潤滑油になります。

会話が長続きしない人の特徴は、閉じた質問を多用することにあります。閉じた質問ばかりだと、会話がコマ切れ状態になり、展開力のない表面的な会話（よそよそしい会話）になってしまいます。

一方、初対面で開いた質問ばかりを多用すると、会話が苦痛になってしまう可能性もあります。それぞれの質問の特性を活かし、閉じた質問をところどころに織り交ぜながら、開いた質問で相手に自由な発言をしてもらうという形が理想的かもしれません。

答え方にも「開いた応答」と「閉じた応答」があります。

例えば、話したくない人には、「愛媛県」、「5年」、「別に」と素っ気なく閉じた応答を多用すれば話は長続きしません。相手もこちらの気持ちに気づいてくれます。反対にこの人とはもっと話をしたいという場合には、「岐阜県の養老の滝の近くです。滝の水がお酒になったという昔話を聞いたことありませんか。あの滝の近くなんです。」のように、質問に関係した内容やその時の気持ちなどを「おまけ情報」として付け加えるのが開いた応答です。

対人コミュニケーションは、質問力で相当改善されるものなので実践してみてください。

アサーティブ（assertive）

対人関係の対応型には、主に３つのタイプがあります。

１．攻撃的（aggressive）「私は○：あなたは×」

自分のことだけを考えて、相手のことを考えないタイプです。いつも自分は正しいと思い込んでいます。相手が自分の期待通りでないと、命令したり、批判したりして相手を攻撃します。『ドラえもん』のジャイアンのようなタイプです。車を運転すると、すぐにクラクションを鳴らします。バックミラーは見ません。自分は、好きなことをしているのでストレスがたまりませんが、まわりの人間には、相当なストレスがたまります。しかし、まわりに迷惑をかけていることにも気づきません。

２．非主張的（non-assertive）「私は×：あなたは○」

相手のことを考え、自分のことを後回しにするタイプです。自分の本心を抑え、依存的で他人任せにします。長電話を自分から切ることができなかったり、行きたくない誘いを断ることができなかったりするのび太のようなタイプです。車を運転した場合、クラクションは、まず鳴らしません。バックミラーばかり気にして運転します。友人と出掛けると、「あなたの行きたいところに行きましょう」とか「お昼ご飯は何にする？あなたの食べたいものでいいわよ」と相手を優先します。まわりの人には、まったくストレスがかかりませんが、本人にはストレスがたまる場合があります。そしてそれがドカーンと爆発する時もあります。昔の日本女性に多かったタイプです。

３．アサーティブ（assertive）　「私は○：あなたも○」

自分のことをまず考えますが、相手にも配慮するタイプです。相手を気遣いながら理由を添えて自分の気持ちを伝えることができます。自分も相手も尊重するしずかちゃんのようなタイプです。これが目指すべき理想のタイプです。アイ・メッセージもアサーティブな方法の一つです。しずかちゃんは、ジャイアンに「明日、俺様のリ

サイタルを開くから来いよ」と言われた際に「ごめんなさい。明日はピアノのおけいこがあるからいけないわ。また今度誘ってね。」と言って断ります。本当は、ピアノのおけいこなんてありません。でも、「行きたくないわ」と攻撃的に断るとジャイアンとけんかになってしまうでしょう。行きたくないのにのび太のように断れないとストレスがたまります。しずかちゃんは、だれも傷つけることなく、自分の主張を通しているのです。これがアサーティブです。

　ジャイアンが二人いるとケンカになります。ジャイアンとのび太のペアは、悲惨な服従関係になります。一番幸せなのは、二人ともしずかちゃんのペアです。

　スーパーのレジで小銭をたくさん出すことがあります。こちらは、「すいません。こまかくて」と言うでしょう。すると店員のしずかちゃんは、「とんでもありません。かえってたすかります。」と返します。海外のレジだと、ガムを噛んでいる店員が何も言わないか、困ったという表情を露骨に見せたりします。日本に生まれてよかったと思う瞬間です。

　かつての公衆トイレには「よごさないでください」というジャイアン的な命令口調の標語が貼られていました。これを見たジャイアンタイプの攻撃的な人は、対抗してわざと汚してしまいます。そこで、「きれいに使っていただきありがとうございます」というしずかちゃんの標語にしてみたところ、ジャイアン族は、トイレを汚さなくなったそうです。「汚すな」と上から目線の命令や指示をするのではなく、「きれいに使っていただき」と相手を立て「ありがとう」と言うことで汚さないでほしいというこちらの願いをかなえてしまうものです。これがしずかちゃんのアサーティブなコミュニケーション力です。子育ても同様です。子どもに向かってジャイアンの言葉で接している人はいませんか。将来、我が子がジャイアンになりますよ。今日からは、しずかちゃんを目指しましょう。

露天風呂で見つけたしずかちゃんのアサーティブな看板です。

公衆トイレでもアサーティブな表示が見つかります。

これは、攻撃的なジャイアンの言い方です。
「私は○だけど、あなたは×よ」という考えがうかがえます。

リフレーミング（reframing）

　普段の生活の中で、あることを裏返してみたり、解釈を変えてみたり、今のつらい体験が将来、こんな風に役立つかもと考えて気持ちが楽になったことはありませんか。

　このように出来事の枠組み（フレーム）を取り換えて、別の視点から見るようにするのが、リフレーミングです。ある絵の額縁（フレーム）を別の新しい額縁にするとその絵の印象が、がらっと変わります。これがリフレーミングです。例えば、「この子は、何をしてもすぐに飽きる」をリフレーミングすると「この子は、常に新しいことに挑戦している」になります。

　また、リフレーミングには「状況のリフレーミング」と「内容のリフレーミング」があります。「この出来事は、どんな場面なら役立つか」を考えるのが「状況のリフレーミング」です。「初めての経験なので不安」とマイナスにとらえた場合、その状況を逆手に取って「豊富な経験を持っている人には、先入観があるため新しいアイデアを出すことが難しい。それに対して、経験の乏しい私なら斬新なアイデアを出すことができる」と考えることです。

　それに対して「この出来事には、他にどんな意味があるのか」を考えるのが、「内容のリフレーミング」です。例えば、「感情的になる」はネガティブな言葉と受け取られがちです。この内容が裏側ならば表側には何が来るのかを考えるのです。ネガティブな「感情的」という概念の表には、「情熱的」がきます。こうするとポジティブな印象に変身します。ある角度から見たら長所になり、別の角度から見ると短所になるリフレーミングは、学校での学習でもキーワードの一つになっています。

　ネガティブな思考の時には、たった一つの考え方を守り続けている状況があるものです。あなたの考え方を転換したり、広げてみましょう。リフレーミングだけで簡単に元気になるわけではありませんが、違う視点で考えることができれば、回復は早くなるはずです。

ペーシング（pacing）

　ペーシングとは、相手の話し方に自分の話し方を合わせる会話の方法です。ペーシングには、次の3つの要素があります。

1．マッチング（matching）

　相手の話す速度、声の高さ・大きさ、口調などに合わせる方法です。ゆっくりと話す相手には、ゆっくりと話し掛け、高い声で話す相手には、高い声で話し掛けます。方言で話し掛けられた場合、可能であれば方言で受け答えします。「えーと」や「そうですね」を文頭に多用する場合は、こちらも同じように「えーと」や「そうですね」を入れて受け答えします。

2．チューニング（tuning）

　相手の感情や気持ちに合わせる方法です。嬉しそうに話してくれたらこちらも嬉しそうに話します。悲しそうにしていたら悲しい気持ちを受け止めて話し掛けます。難しいのは、興奮している時や怒っている時です。こうした場合、冷静に話し掛けようとするのが一般的ですが、これでは、怒りのエネルギーを消費させることはできません。こうした場合は、少し興奮気味に話し掛けます。しかし火に油になってしまうので、相手よりも興奮してはいけません。

3．ミラーリング（mirroring）

　鏡を見ているように相手の身振りや表情に合わせる方法です。仲のいい夫婦が似てくるのは、ミラーリングによって表情が似てくるためです。手をたたきながら話す子どもがいたら、手をたたきながら話し掛けます。腕組みをして話し掛けてくる人がいたら、腕組みをして話し掛けます。しかし、過剰な猿真似は、相手に不信感を抱かせ、馬鹿にしていると思われてしまうので注意が必要です。

　ペーシングによって「気持ちが伝わっている」というコミュニケーションに不可欠なラポール（信頼関係）が築かれることになります。今日からお子さんや家族にペーシングを試してみてください。きっと、会話がはずみますよ。

ペーシングによって信頼関係ができたら、次は、こちらの声色、表情、しぐさなどを変えて、相手の望む方向に相手を導いていきます。これをリーディングと言います。

「今日は最悪だった」と話してくれた相手に「そうか、最悪だったんだね」とペーシングをしながら受け答えをし、話を十分に聴きます。この過程で観察力を高めていくと、相手の表情が、一瞬明るくなる瞬間や、リラックスした時の表情やしぐさに気がつくはずです。その時の表情やしぐさを真似て相手に返すと、相手がそれに反応してこちらに合わせるように明るくなります。相手がこちらにペーシングするのです。これがリーディングです。このように、相手の言動の中にある特徴を効果的に使って、無意識のうちに相手との信頼関係を築くことをユーティライゼーション（utilization）と言います。

さらに、「前にもさ、こんなことがあったけど立ち直れたでしょ。大丈夫、今度もなんとかなるよ。」と明るい口調で話し掛けます。この時、ラポール（信頼関係）が確立していれば、相手がこちらの明るい口調にペーシングしてきます。ペーシングによってラポールを確立し、その後にリーディングという流れです。もしも、リーディングをしかけても、相手がこちらに乗ってこない場合には、「私の気持ちをまだ十分に受け取ってもらっていません。」というサインになりますので、こんな時は、急がずにもう一度信頼関係の構築につとめましょう。

リーディングの際には、「しかし」、「でも」、「だけど」といった逆接の接続詞は、相手を否定していると受け取られることがあるので、できるだけ使わないようにします。もし接続詞を使うのなら「そして」、「それで」という順接の接続詞です。これなら、相手は否定されていると感じません。何気ない一言ですが、言葉は感情と深く関わっているのです。

キャリブレーション（calibration）

　キャリブレーションは、言語以外のサインによって相手の心理状態を認識することを言います。目を閉じて片手を上げ、「手で怒りを表してください」と指示すると、6、7割の人がジャンケンのグーをします。グーは、怒りとつながっているようです。日本人は、武士道や茶道や華道など、キャリブレーションを文化として受け継いできた民族です。キャリブレーションという言葉を持っていなくても、昔から言語以外のコミュニケーションが当たり前の社会だったのです。

　心理学者アルバート・メラビアン（Albert Mehrabian）は、コミュニケーションにおいて、話の内容などの言語情報が7％、口調や話の早さなどの聴覚情報が38%、見た目などの視覚情報が55%の割合であったと述べたことになっています。いわゆるメラビアンの法則と言います。この割合から「7-38-55のルール」と言われています。「言語情報＝Verbal」「聴覚情報＝Vocal」「視覚情報＝Visual」の頭文字から「3Vの法則」とも言います。

　しかし、メラビアン自身は、メラビアンの法則など存在しない、と語っています。先の数値は、コミュニケーションを条件とした実験とデータによるものではないのです。ごく限定された状況での実験結果を一般論として日常のコミュニケーションにあてはめた拡大解釈なのです。こうした間違った解釈を俗流解釈と言います。

　メラビアンの法則が本当に存在するならば、ラジオや電話は、半分以上も内容が伝わらないメディアになってしまいます。外見に一目惚れして結婚する人も多いことでしょう。この結果、離婚ももっと多くなるかもしれません。

　仮に、メラビアンの法則が存在しないとしても、人類が言語以外の表情やしぐさで心情を伝えていることは間違いありません。視覚言語や演劇やパントマイムがもっと子どもの身近になるべきだと思います。

ある県に行った時のことです。車で信号待ちをしている時に、隣に止まっている車の運転席の男性が、中央分離帯にポリ袋に入ったごみを捨てたのです。しかも笑っています。しかし、その次に起こった出来事のほうが私には衝撃的でした。後部座席に乗っていた男の子が、同じように笑いながら中央分離帯にごみの入ったポリ袋を投げ捨てたのです。男の子は、父親の真似をしただけです。中央分離帯には、信じられないほどのごみが、投げ捨てられてたまっていました。このように誰かの動作や行動を見て、同じような動作や行動をすることをモデリング (modelling) といいます。

子どもは、親の姿を見て学習し、成長すると言われています。自分の子どもが、自分やパートナーと同じような仕草をするのを見て驚いたことはありませんか。カモのひなが母鳥と同じ行動をするように、人間の子どもも母親と同じ行動をします。

その後、思春期になると、憧れの人の姿を見て、その人に少しでも近づきたいという心理が働きます。安室奈美恵のファンが、彼女のファッションや発言を真似てアムラーと呼ばれましたが、これもモデリングのひとつです。イチローのルーティンワークやバッティングフォームを観察して真似をし、さらにイチローの野球や食生活に対する考え方まで真似するのがモデリングです。モデルとなる人の思考パターン、発言、行動、しぐさなどを観察して真似ることで、モデルと同じような結果を得ることができる場合もあります。ムーミンママにだってなれちゃいます。

つまり子どもには、言葉であれこれ指示するのではなく、正しい行動をやって見せればいいのです。

モデルとなるのは、人間だけではありません。ゲームやアニメで暴力シーンばかり見ていると、暴力的な行動を無意識にモデリングするようになります。子どもに何のテレビを見せるかは、思った以上に重要なことなのです。

モデリング（modelling）

コーピング（coping）

　ストレスの発生を抑えたり軽減したりする対処行動をコーピングといいます。コーピングには、問題焦点型コーピングと情動焦点型コーピングがあります。

　まず問題焦点型コーピングとは、ストレスの原因であるストレッサーに真正面から立ち向かい、問題を解決しようと試みる方法です。ひどい言葉を発した相手に、言葉の真意を正すという方法です。これには、かなりのエネルギーが必要ですし、なかなかできるものではありません。

　それに対して情動焦点型コーピングは、ストレスの原因によって引き起こされた怒りや不安を軽減しようとする方法です。問題をどう認知するかで、そこから受け取る意味はまったく変わってきます。その認知の仕方を見直すのが情動焦点型コーピングです。

　具体的には、ひどい言葉を発した相手に会わないように旅行に出て逃げる、思い出さないように趣味やスポーツなど他のことに没頭する、というものです。世の中には、認知のゆがみによって過度のストレスを感じている人がいます。必要以上に考え方がネガティブであったり、偏った考え方によって自分で自分を傷つけていたりするような人です。情動焦点型コーピングはこの認知のゆがみを矯正する作業でもあります。

　しかし、情動焦点型コーピングだけでは、問題を解決することにはつながりません。まずは、①問題焦点型コーピングが可能かどうかを検討します。ストレスの原因を取り除けるのであればそれに越したことはないのです。そして、問題焦点型コーピングを実行することが難しい場合は、②情動焦点型コーピングで対応できないかを検討します。

　このように実際の生活においては、この二つのどちらかに偏るのではなく、二つのコーピングを使い分けたり、併用したりしながらストレスに対処することが必要です。

人間は、ストレスを受けると片方の手で顔を触る傾向があります。自己親密行動と言います。そして、どちらの手が顔に来るかは、ほとんどの場合決まっています。口元を触ったり、鼻の下を触ったりする人が多いのですが、中には、あごを触ったり、耳を触ったり、眉毛を触ったりする人もいます。髪の長い人は、髪を触りますし、メガネをしている人は、メガネを触ったりします。子どもの場合は、鼻の穴に指を突っ込んだり、指しゃぶりをしたりします。これは、ストレスに反応する無意識の行動です。片手の動きだけでなく、せき払いをしたり、鼻をすすったりする人もいます。

しかし、相手がこの行動を見ると、「私といるのが嫌なのかな」と受け取ることがあります。何とか顔に手が行かないようにしたいものです。そこで登場するのがスティック・トーキングです。

これはネイティブ・アメリカンの伝統文化が発祥と言われているもので、「棒を持っている人だけが話し、持っていない人は聴く」という方法です。本来は、車座になって座り、木の棒を真ん中に置きます。太めのマジックペンでもかまいません。話したい人はその棒を持って話し、他の人は黙って聴きます。これで聴く姿勢、話す姿勢を学ぶことができます。

しかし、これはグループで行う正統的な方法で、日常生活において活用する場合には、少し異なります。たくさんの人の前であいさつをしなければならない時や大事な面接の時に、顔を触ってしまう片方の手に棒状のものを握らせればいいのです。棒がなければ、ペンでも消しゴムでもハンカチでも何でも構いません。何もなければこぶしを握りしめるだけでも大丈夫です。これで、自然と気持ちが落ち着きます。

カラオケに行った時、マイクを握った瞬間に堂々として人が変わってしまう人が時々いますが、あれもスティック・トーキングの効果です。

スティック・トーキング（stick talking）

しぐさの意味

　人は、不安を感じた時などに自分の体に触れることによってそれをやわらげようとする傾向があります。幼児の場合、母親にしがみつくことで安心しようとしますが、いつも母親がそばにいるとは限りません。その代償行為として、親の変わりに自分に触ったりして気持ちを落ち着かせようとします。指しゃぶりもこれに該当します。これを自己親密行動と言います。これによって、不安を取り除くことができるのです。

　特に、手や足といった器官は、微細な神経が張りめぐらされており、無意識の感情があらわれやすく、本音が出やすいと言われています。例えば、ストレスを受けると足で貧乏ゆすりをしたり、指でテーブルを細かくたたいたりする人がいますが、意味のない行動ではなく、その人の無意識が作用した本音なのかもしれません。

　手を口元や鼻に持っていくのは、不安な気持ちに対応し、心を落ち着かせようとするためだと言われています。ストレスを受けた瞬間に、口、鼻の下、あごに手を持っていく人は多いのですが、中には、耳を触ったり、眉毛を触ったりする人もいます。人間は、いつものにおいをかいだり、自分の身体の一部に触れたりすることにより落ち着くという習性があります。母親のにおい、特におっぱいのにおいをかいで安心するのはこのためです。鼻の穴に指を入れたり、股間を触ったりした後、その指のにおいをにおっている子どもの行為は、自分自身を落ち着かせて安心させようとしているのです。つまり、不安な時ほど、自分の身体に触れて、安心したいのです。スポーツ選手が、試合前に体に触れるなどして、慣れ親しんだルーティンワークをするのもこれと同じ原理です。

　腕まくりをする人は、「よーし、やるぞ」という意欲に満ちている状態です。こういう人を見かけたら、そのやる気をまわりがうまく受け止めることです。やる気を示したい人だけでなく、自己顕示欲の強い人にも多い行動です。一方で、こういう人は、人に命令さ

れたり拘束されたりするのが苦手です。自由奔放を好むのです。グループでつるむのも本来好みません。一人で食事をするのも平気です。いやむしろそのほうが幸せです。また、時に短気でせっかちな部分が見受けられます。

　爪をかむのは、自分の考えを表現できない歯がゆさや、不安を抱えているあらわれです。また、やりたくない習い事をやらされている時など、自分の欲求と眼前にある現実が不一致の場合にもみられます。やりたくないという気持ちを親に表現することができず、親に向けるべき不満を自分自身に向けてしまい、その結果、爪をかむという自虐的な行為にいたるのです。タバコをやめられない人の中には、そういった傾向を大人になっても引きずっている人がいると言われています。

　筆記具をくるくるまわす人が、増えているように思います。自分の能力をより高く発揮させようと集中している時に出ると言われています。指先を何度も同じように動かすことで、脳に刺激を与えようとしているのです。ただし、退屈な時に無意識にしてしまうこともあります。

　腕を組むのは、自分のテリトリーに他人が入ることを拒否する自己防衛の表現と言われています。人の意見に疑いを示す気持ちのあらわれでもあります。背中を丸めて腕を組む場合は、不安のしるしで、親のかわりに自分で自分を抱きしめる自己親密行動の可能性があります。これによって安心感を得ているのです。ただし、寒いことによって腕組みをする場合もあります。

　日常生活における何げないしぐさばかりですが、そこには、本人も気づいていない無意識の本音が隠されていたりします。また、相手のそんなしぐさに気づいた時は、それを指摘したり、批判したりするのではなく、相手がこういう気持ちなのだと理解し、そうした心の不安に寄り添ってあげることが大切です。

笑顔

　生まれたばかりの赤ちゃんは、授乳後に口角が上がり、同時に目じりが下がって、一瞬ニタッと笑ったように見えることがあります。これを「新生児微笑（生理的微笑）」と言います。赤ちゃんの脳が興奮し、それに筋肉が反応して発生する神経反射と考えられています。楽しかったりうれしかったりしているわけではありません。筋感覚的笑顔です。

　その後、生後3〜4ヶ月で本来の笑顔を見せるようになります。ママやパパの笑顔や行動に反応して見せる笑顔です。これを「社会的微笑」と言います。

　その後、6〜7か月になると声をあげて笑うようになります。「ハックション」、「いないいないばあ」という音や足の裏をくすぐることに反応して笑い声をあげます。

　笑いが心や体に良いことは、医学的に証明されつつあります。笑うことでリンパ球の一種であるナチュラルキラー細胞（NK細胞）が活性化します。ナチュラルキラー細胞は、体内に侵入するウイルスなどを退治してくれるので免疫機能が高まります。また、笑うことで副交感神経が優位になり、リラックスできます。笑うことで体の痛みが軽減することは、古くから知られていましたが、最近では、痛みを軽減するβ-エンドルフィンが分泌されるためだということがわかってきました。

　精神的にも意味があります。笑顔は、信頼関係をつくります。前向きな気持ちになります。悩んでいる人や失意の人を救うことができます。劣等感を忘れさせます。この世で最高のお化粧は、笑顔かもしれません。

　こうした笑いの効果は、つくり笑いであっても変わりません。スポーツの試合や試験に挑む人もつくり笑いによって過度の緊張やプレッシャーを克服できます。ここで、鏡を用いたつくり笑いの方法を2種類ご紹介します。

①鏡の前で割り箸を横にして左右の奥歯で噛んでみてください。この時、自分の顔の筋肉の動きを確認します。そして、そっと割り箸を抜き取ります。この時の笑顔を確認してください。
②鏡の前で目を閉じ、今までで一番楽しかったことを思い出します。その時の気持ちや状況を思い出してみてください。ここで目を開けて鏡に映った自分の笑顔を確認します。

　いずれの笑顔にも共通することは、歯を見せて笑うことです。唇を閉じた笑顔は、本心を隠していると感じ取られてしまいます。モナリザの微笑は、現代社会ではNGなのです。

〈子どもの笑顔〉
　どんな小細工をしようとも、子どもの無邪気な笑顔には勝てません。子どもの笑顔は、まわりも笑顔にします。お盆やお正月におじいちゃんやおばあちゃんは、この笑顔が見たいのです。渋滞に屈せず笑顔を見せに行きましょう。

二重否定（ダブル・ネガティブ）

「痛くないことはない」といった二回の否定を含んだ言葉を二重否定といいます。これを用いると、意味が曖昧になり、誤解されやすくなります。二重否定は言語学の話のようですが、人間の心理にも関係があります。人は、自分の精神状態が悪くなり、マイナス思考になると、否定語や二重否定を相手や自分に投げかけるようになります。

特に二重否定がやっかいです。否定語を一回使われただけでも暗い気持ちになるのに、それを続けて二回も使われるのですから、言われた側はたまったものではありません。当然、暗く重苦しい気持ちになります。

「牛乳飲まないと大きくなれないよ」という脅し文句にも、二重の否定語が含まれています。脅し文句は、相手をネガティブにさせる最悪な言葉掛けです。「ない」が二つではありませんが、「怒らないで」や「嫌われたくない」も二重否定です。こちらは、「怒る」や「嫌われる」というマイナスイメージの語と「ない」による二重否定になります。「無くさないで」、「負けないで」、「落ち込まないで」、「転ばないで」、「おぼれないで」という言葉を使うと、二重のネガティブなプレッシャーによってかえって失敗しやすくなります。しないという禁止や忌避の指令を受け止めた子どもは、まるで魔法にかかったように緊張して自分の力を発揮できなくなるのです。

二重否定＝否定×否定＝肯定です。つまり、二重否定の言葉は、そもそも肯定文で伝えることができるのです。「失敗しないでね」や「忘れないでね」は、「うまくいくよ」や「思い出してね」と言えばいいだけのことです。

二重否定では、自分がどうすればいいのかという指標が示されませんが、肯定語にすれば、子どもは、自分が何を目指せばいいのかを認識することができます。今日からは「緊張しないで」ではなく「リラックスして」や「肩の力を抜いて」を使ってみましょう。

アメリカの作曲家ジョン・ケージ（John Milton Cage Jr.）が、1952年に作曲した曲に「4分33秒」があります。何の楽器の音もしない無音の曲です。沈黙は立派な音楽であると証明した楽曲です。ちなみに私は、カラオケで何か歌えと強要された時は、「4分33秒」を選ぶことにしています。もちろんリストにはありません。

さて、コミュニケーションにとって、沈黙には重要な意味があります。まず、相手に対して否定的・拒絶的な態度を表している沈黙には、質問をしても、沈黙を批判しても話は進展しないことでしょう。こういう場合は、自分から話してみようという気持ちになるまで待つしかありません。沈黙が「4分33秒」より長くなったとしても我慢して待つしかないのです。

話したら嫌われるのではないか、とか笑われるのではないかという不安な気持ちや、この話をすることにより他の人に迷惑がかかるのでは、と心配している時には、ついついこちらから沈黙を破りそうになりますが、やはりこの場合も重苦しい雰囲気に耐えるしかありません。

熟考し自分自身と対話している真っ最中である場合にも沈黙は生まれます。こうした場合は、先に進もうとせず、心の整理とそれを表す適切な言葉が見つかるまで沈黙して待ちます。

一方で、相手の顔をのぞき込み、相手からの言葉掛けを待っているという場合は、沈黙を破って質問などをしてもいいかもしれません。表情や仕草から判断しましょう。重大なことを話し終え、すっきりした沈黙もあります。この場合には、「よく話してくれたね」とねぎらいの言葉を掛けてもいいのですが、これら以外は、基本的に沈黙のままでいいと思います。

ただし、何もしないで待つ、何も考えないで耐えるわけではありません。相手がいつ話し始めても対応できるように、次の発言と対応を予想しながら万全の態勢で待ち続けることです。

沈黙も立派なコミュニケーション

コミュニケーションは、キャッチボールのようなものです。相手の投げたボールをしっかりと受け止め、捕りやすい球を返球してこそキャットボールは成り立ちます。子どもが「今日は、いいことがあったんだよ。」と最初にこちらに向かってボールを投げてきた場合を例にして考えてみましょう。

この場合、「よかったね。」では、キャッチボールがすぐに終わってしまう可能性があります。1球ずつ投げておしまいでは、キャッチボールとは言えません。

「何があったの？」は、子どもからのボールを受け止める前に捕りにくい速いボールを投げ返しているようなものです。

「いいから、早く着替えなさい。」は、子どもが投げたボールをバットで打ち返しているようなものです。

「いま、忙しいからあとでね。」も、バットでファールを打ったようなものです。

大声で「宿題やったの！」は、大きなバスケットボールを投げ返しているようなものです。一番、反抗したくなるボールを投げてしまったのですから、この後に子どもがどんな態度に出るかは目に見えています。

「……」と無視して捕球しないのは論外です。

これらの方法では、いずれも、キャッチボールは成立しません。「そうか、いいことがあったんだね。」のように、まず、オウム返し的な言葉で「受け止めたよ」というボールを投げ返したり、「いいことって何だろ。ねえ教えてよ。」のように、オウム返し疑問文（echo question）の形にして、捕りやすいボールを投げたりすることができるといいかもしれません。

時には、子どもの虫の居所が悪く、金属バットで打ち返してくることがあるかもしれませんが、そんな時もジャイアンになって打ち返さないでください。

「人間の体には、全部で何本の毛が生えているのでしょうか」

「えー、わかんないよ。ヒントちょうだい。」

「頭に生えている髪の毛は、約10万本です。」

「そうかあ、じゃあ、30万本」

「うーん、残念でした。正解は150万本です。」

「じゃあ、次はもっと難しいよ。サルの体には、全部で何本の毛が生えているのでしょうか」

「会話のきっかけがつかめない」、「子どもと何を話していいのかわからない」という相談を受けることがあります。特に、小学生や中学生のお子さんと接するお父さんからの相談ですが、男の子とお母さんとの間で生じることもあります。

そんな時には、こうした雑学が活躍することになります。「へえー」という情報をコミュニケーションの材料として用いるのです。しかし、何でもいいわけではありません。これにはポイントがあります。

① 子どもの興味・関心に沿った内容を選ぶ。

② 数字が入った情報を選ぶ。

③ 固有名詞が入った情報を選ぶ。

①については、子どもの主体性を育てるために大切なことです。サッカーが好きな子どもには、サッカーの話を材料にすることです。

②については、年数や個数などの数字を入れることで記憶に残りやすくなります。

③については、人名や地名などの固有名詞を入れることで興味・関心の度合いを高めることができます。

次のページに示したのは、私が収集したコミュニケーションの材料です。

ちなみにサルの体には、人間と同じ約150万本の毛が生えています。体毛が細くなったサルが人間なのです。

コミュニケーションの材料

コミュニケーションの材料の例

- 誕生したばかりの46億年前の地球は、1日の長さが5時間でした。今でも50年に0.001秒ずつ1日の長さは長くなっています。
- 上野動物園の1年間のえさ代は約1億円です。
- 羊の腸に詰めたものがソーセージ、豚の腸に詰めたものがフランクフルト、牛の腸に詰めたものがボロニアです。
- 人間の肌は、29日周期で新しくなります。イルカは2時間周期で新しくなります。
- ラムネ水のびんに使える精密なガラス玉をA玉、精密ではなくラムネ水に使えないガラス玉をB玉といいます。
- 平安時代の宮廷料理は、多数の料理を皿で並べました。これによって多数の料理をお数と呼ぶようになりました。
- 白菜は、チンゲン菜とカブを交配してつくられました。
- 手についた灯油は、サラダ油を手に塗ってから石けんで洗うと簡単に落ちます。
- 成長して4メートル以上になるものをクジラ、4メートル未満のものをイルカといいます。
- ポテトチップスは、着火材のかわりに使えます。
- 箸を使う国は、中国、韓国、北朝鮮、ベトナムと日本です。
- タコには心臓が3つあります。
- カニの足は10本ですが、タラバガニや花咲ガニは8本です。タラバガニや花咲ガニは、カニではなくヤドカリの仲間です。
- パンダの指は6本あります。
- シジュウカラという鳥は、1年に10万匹の虫を食べます。
- 江戸時代まで、日本人は着物がほどけないように片側の足と手を一緒に前に出して歩いていました。
- 白詰め草は、江戸時代の終わりに、オランダから書籍やガラス製品などのクッション材として乾燥花が渡来し、全国に広がっていきました。

- ジャガイモや里芋は、根ではなく茎です。
- 日本で髪を切ると「失恋したの？」、アメリカで髪を切ると「寄付したの？」と質問されます。
- 直径1.3ミリ未満をそうめん、直径1.3ミリ以上1.7ミリ未満をひやむぎ、直径1.7ミリ以上をうどんと呼びます。
- インドでは、義務教育段階で19×19＝361まで暗記します。
- 世界の使用言語はおよそ6000語です。世界の約200の国には、1国につき平均30の言語があります。
- 鏡にジャガイモの皮を塗ると曇りません。
- ミカンについている白いすじを「アルベド」といいます。
- 江戸時代の握り寿司は、おにぎりのように大きなものでした。後にそれを半分にして出すようになったのが、握り寿司が2貫一緒に出る理由です。
- 江戸時代には、身分の高い女性がしたおならを「自分がした」とかばう「屁負比丘尼」という職業がありました。
- イタリアのシチリア島にもマグロを生で食べる習慣があります。また、たたきもあります。
- フィヨルドランドペンギンは、毎年同じ相手と同じ巣で子どもを産み、子育てをします。オシドリは、毎年相手をかえます。
- 魚には普通まぶたがありませんが、西表島に棲息するミナミトビハゼにはまぶたがあります。
- メダカだと思っていてもメダカによく似たカダヤシ（蚊絶やし）であることのほうが多いです。カダヤシは、文字通り蚊を絶やすために南米から輸入された帰化生物で、メダカより尾びれが丸く短いこと以外、外見的な違いはありません。
- 笹には皮があり、竹には皮がありません。
- ホッコクアカエビ（甘えび）は、すべてオスで生まれ、3年ほど経つとオスのままのものとメスに変わるものに分かれます。

類似性の法則

　人は、自分と似ているところがある人に親しみを感じます。自分と類似した点を相手の中に見つけると親近感がわき、好意をいだくのです。初対面の場合には「昔からの知り合い」のように安心感をおぼえます。ディズニーアニメ『アナと雪の女王』（2013年）の中には、次のようなセリフがあります。

〈ハンス〉教えてよ、何が好きか

〈アナ〉サンドイッチ

〈ハンス〉僕と同じじゃないか

　これは、心理学に基づいた会話です。会ったばかりでこれを言われたら、言った相手を特別視し、好意をいだくことになってしまいます。詐欺師気質のハンスは、おそらくアナが「ドーナツ」と答えていたとしても「僕と同じじゃないか」と答えていたはずです。人間は同調を求める生き物だということを賢明なハンスは知っていたのです。心理学を勉強していたのかもしれません。

　自分と似ている相手に好感を持つという心理を「類似性の法則」と言います。自分と似ている人に好意を持つ傾向があるという心理的効果です。私と妻は、ジェットコースターが苦手なことと、コーヒーが飲めないことで最初に意気投合しました。これって、あまりいないんですよ。ちなみに、私はハンスのように相手をだまそうとはしていません。

　仲のいい夫婦は、なぜ似てくるのでしょうか。それは尊敬や好意の表れが関係しています。好意があると相手の行動を真似しようとします。これを同調行動（conformity）と言います。ミラーリングもその一つです。ママが、「ありがとうは？」と子どもに言い続けると、子どもも、「ありがとうは？」と親に催促するようになります。なぜ子どもは、こんなどうでもいい母親の口癖を真似するようになるのでしょうか。ママのことが大好きだからです。同じだということは、幸せなことなのです。

先生方へ

人生で起きることすべてに意味があります。
Everything that happens in life has a meaning.

アクティブ・ラーニング (active learning)

　アクティブ・ラーニングは、ジョン・デューイ (John Dewey) に影響を受けた問題発見・解決型学習 (problem-based learning)、プロジェクト型学習 (project-based learning) やレフ・セミョノヴィチ・ヴィゴツキー (Lev Semenovich Vygotsky) の社会的構成主義の影響を受けています。

　アクティブ・ラーニングという言葉は、当初、大学教育で使われ始めました。きっかけとなったのは、2012年8月の中教審の答申です。この答申は「新たな未来を築くための大学教育の質的転換に向けて一生涯学び続け、主体的に考える力を育成する大学へ」です。答申名が長いので「質的転換答申」と呼ばれています。「質的転換」とは、「受動的受講」から「能動的学修 (アクティブ・ラーニング)」への転換です。文部科学省は「教員による一方向的な講義形式の教育とは異なり、学修者の能動的な学修への参加を取り入れた教授・学習法の総称」と定義しています。

　ここでは、学習ではなく、学修という語が用いられていますが、学習は、習い学ぶことで受動的な意味になります。これに対して学修は、学問を修めることであり、主体的に学ぶという意味になります。また授業だけでなく、授業のための事前の準備 (予習) と事後の振り返り (復習) などの主体的な学びを含めた学修を指します。

　こうした大学教育の考えが、小学校・中学校・高等学校にも援用されることになったのは、2014年11月の「初等中等教育における教育課程の基準等の在り方について」という文部科学大臣の中教審への諮問の中に、「『何を教えるか』という知識の質や量の改善はもちろんのこと、『どのように学ぶか』という、学びの質や深まりを重視することが必要であり、課題の発見と解決に向けて主体的・協働的に学ぶ学習 (いわゆる「アクティブ・ラーニング」)」と表記されたことがきっかけです。これを受けるように2015年8月の「論点整理」においてもアクティブ・ラーニングの視点が取り入れられま

した。ここでは、「主体的・対話的で深い学び」を実現するための視点としてアクティブ・ラーニングを位置づけています。

学校教育法において、学校教育において重視すべき3要素は、「知識・技能」、「思考力・判断力・表現力」、「主体的に学習に取り組む態度」とされています。アクティブ・ラーニングは、このうちの「主体的に学習に取り組む態度」と特に深く関わっています。

アクティブ・ラーニングは、一方向的な授業で知識を詰め込む学習ではなく、グループ学習やディスカッションを活用した双方向型の学習です。子どもたちは、課題にどう対応すべきかを話し合うことで、一人では思いつかなかった視点や解決方法に気づくことになります。また、アクティブ・ラーニングを採用する教育現場では「ケースメソッド」や「フィールドメソッド」という手法が用いられます。さらに、アクティブ・ラーニングの時間と質を保証する方法として、反転授業 (flip teaching) があります。

かつて第二次世界大戦後の新教育において、経験主義が台頭しましたが、子どもたちの興味・関心を優先した「はいまわる経験主義」に陥り、科学的な社会認識や系統的な知識の育成が欠落していると指摘されました。活発に動くこと自体が目的化してしまったと批判されたのです。今回、アクティブ・ラーニングを「活動的」ととらえると同じ轍を踏むことになります。今回のアクティブは、「活動的」ではなく「能動的」ととらえるべきです。

アクティブ・ラーニングの成否を決めるのは、評価方法です。特にパフォーマンス評価は、アクティブ・ラーニングの評価方法として注目されています。パフォーマンス評価の方法には、資質・能力の育成の過程における活動の観察や対話による評価や実技テスト、自由記述問題による筆記テストなどがありますが、発表やレポートなどの「パフォーマンス課題」と「ルーブリック」を用いたものなどが有力視されています。

学力観の変遷

　第二次世界大戦後に、ある学力論争がありました。戦後の新教育をめぐってのものです。「読み・書き・計算」という基礎学力の低下という状況に関して、経験主義の立場に立つ新教育の推進者たちは、問題解決学習や生活単元学習に基づいた問題解決能力こそが新しい学力であり、学力は低下していないと主張しました。

　一方、新教育の批判者たちは、知識の教育の軽視によって「読み・書き・計算」という基礎学力が低下したとして、知識や技術を重視した教育が必要であると主張しました。

　学力とは、本来、学習によって身についた能力のことですが、この後、1950年代から1980年代には、知識や技術の習得を学力とする系統主義的な時代が続きました。この時代には、学力を計測可能なものとしてとらえ、点数や偏差値を重視した「偏差値教育」、「詰め込み教育」などの考え方がありました。しかしその結果、こうした系統主義教育が、落ちこぼれ、少年非行、校内暴力などの問題を引き起こす要因として取り上げられるようになりました。

　1980年代後半になると、その後の学校教育に影響を与えた新たな学力観が登場します。1987年に登場した「新しい学力観」です。これは、中曽根康弘首相の諮問機関である臨時教育審議会（1984-1987年）によって方向づけられました。当時、フランスのポール・ラングラン（Paul Lengrand）が1965年に提唱した生涯教育（éducation permanente）の考え方が世界の潮流となりつつありましたが、その影響を受けています。ラングランは、社会の急速な変化が知識や技術をすぐに古いものにしてしまうとして、社会の変化に対応できる能力を重視しました。また、学校教育を学びの終着駅ではなく、一生涯学び続けるための始発駅ととらえ、生涯学び続けるために、関心や意欲を重視しました。新しい学力観は、「自ら学ぶ意欲や、思考力、判断力、表現力などを学力の基本とする学力観」です。関心・意欲・態度の重視と自ら学ぶ意欲と社会の変化に主体

的に対応できる能力の育成が特徴でした。

　この「新しい学力観」をさらに展開したものが、1996年の「生きる力」です。「生きる力」とは、「自分で課題を見つけ、自ら学び、自ら考え、主体的に判断し、行動し、よりよく問題を解決する能力」、「自らを律しつつ、他人とともに協調し、他人を思いやる心や感動する心など、豊かな人間性」であり、「たくましく生きるための健康や体力」と定義されています。このように、心の教育や身体の教育にまで踏み込んだ点が特徴です。「生きる力」を構成するのは、「知」の確かな学力、「徳」の豊かな人間性、「体」の健康・体力とされています。このうち、「生きる力」の知の側面と言われる「確かな学力」が注目されるようになります。

　2002年1月17日に文部科学省は、「確かな学力の向上のための2002年アピール『学びのすすめ』」を発表します。『学びのすすめ』に示された「確かな学力」のねらいは、「基礎・基本を確実に身に付け、それを基に、自分で課題を見付け、自ら学び、自ら考え、主体的に判断し、行動し、よりよく問題を解決する能力や、豊かな人間性、健康と体力などの『生きる力』を育成すること」です。

　「新しい学力観」や「生きる力」の方向性は、「ゆとり教育」や「ゆとり路線」として批判を受けました。授業時間を削減したことによって、学力が低下したという批判です。一方で、東京大学総長だった有馬朗人などは、ゆとり教育によって日本の子どもの理科の成績が上がったという見解を示して反論しました。

　こうした意見だけでなく、昨今の日本の学力観に少なからぬ影響を与えているのは、OECD（経済協力開発機構）の「生徒の学習到達度調査」（PISA：Programme for International Student Assessment）です。斜塔があるイタリアの地名はピサ（Pisa）と発音しますが、この調査は、ピザと濁って発音します。OECDの担当者の母国語の関係です。VISAカードを「ビザカード」と発音する

のも同じ理由です。正統派が好きな人は、ピザと発音しています。PISA は、単純な知識問題ではなく、例えば、二つの意見を読ませた後、「あなたは、どちらの意見に賛成しますか。自分なりの言葉を使ってあなたの答えを説明してください。」というような問いが出題されます。『学びのすすめ』にもPISAの結果についての考察が触れられています。

　学校教育法第30条第2項において、学校教育において重視すべき3要素は、「知識・技能」「思考力・判断力・表現力」「主体的に学習に取り組む態度」とされています。そして、育成すべき資質や能力を以下の3点で整理することが考えられています。これが「3つの柱」と呼ばれているものです。

⑴　何を知っているか、何ができるか（個別の知識・技能）

⑵　知っていること・できることをどう使うか（思考力・判断力・表現力等）

⑶　どのように社会・世界と関わり、よりよい人生を送るか（学びに向かう力、人間性等）

　そして、こうした育成すべき資質や能力を教科ごとに具体化したのが、各教科の学習指導要領です。かつての学習指導要領に示されていたのは、その教科で習得すべき知識や技術でしたが、現在の学習指導要領には、育成すべき資質や能力が示されています。学習指導要領に示された資質や能力から、単元や題材ごとの具体的な評価規準を作成します。

　変化する社会の中で、育成する資質や能力が変化してきました。学力の3要素は、①基礎的・基本的な知識・技能の習得、②これらを活用して課題を解決するための思考力・判断力・表現力など、③主体的に学習に取り組む態度、ですが、これまでの日本の教育は、①に偏りがちでした。しかし、②や③を重視せざるを得ない状況になってきています。そこで、②や③の学習に力を入れるために、アクティブ・ラーニングが注目されているのです。

評価規準と評価基準は、どちらも「ひょうかきじゅん」と読み、意味の違いも微妙です。そのため最近では、評価規準のことを「ひょうかのりじゅん」、また評価基準のことを「ひょうかもとじゅん」と呼んで区別しています。

　さて、この二つの語の違いを明らかにする糸口は、評価基準の基準（standard）という言葉です。基準とは、

1．数値によって示されたもの

2．法令によって定められたもの

を言います。

　1の意味での評価基準は、量的な尺度です。現在、評価の場面で見極めようとしているのは、資質や能力ですが、資質や能力は、数値によって量的に示すことが困難ですので、1の意味での評価基準は存在しないことになります。2の場合は、1のように数値になっていなくとも法令に示されているものを基準と呼びます。学習指導要領を最低基準と言うのも告示物であるためです。もし将来、国が法令として基準を設定するとそれは評価基準となるかもしれません。

　これに対して評価規準（criterion）は、学習指導要領に示された資質や能力を授業のために抜き出し、授業で育成する資質や能力の具体的な状況として文章で表したものです。

　過去には、指導要録において評価基準という言葉が使われた時代がありました。ところが、最近まで文部科学省は、評価規準のみを使い、評価基準という用語をまったく使用していませんでした。しかし、ルーブリックの活用によって、ABCの3段階の評価基準を別々に示す評価基準表が用いられるようになってきました。

　どちらの同音異義語を用いるにしても、学校教育における評価活動は、子どもを診断することではありません。次の活動への指針となる情報を提示することが評価の目的です。そして、授業毎のABCの評価には、コミュニケーションが深く関わることになります。

評価規準と評価基準

ルーブリック (rubric)

　ルーブリックの語源は、ラテン語で赤を意味するruberや赤いインクを意味するrubrikaに由来すると言われています。祈祷書に書き込まれた赤字の注釈を意味しています。

　現代のルーブリックは、子どもにわかりやすい平易な文章で分析的、段階的に示した評価指標のことです。ルーブリックを一覧表にしたものをルーブリック表といいます。ルーブリック表を用いて評価する方法をルーブリック評価と言います。

　ルーブリックは、他の評価方法に比べて客観性が保てるような仕組みになっています。学習到達状況を評価するための階層的な評価指標が設定されているからです。指導要録に示されている観点別評価は、「十分満足できる状況」、「おおむね満足できる状況」、「努力を要する状況」といった大雑把な尺度です。それに比べるとルーブリックは、学習ごとに何が出来ているとその評価になるかが明確なので客観性が高くなります。自己評価や相互評価を活用するのも特徴です。授業の最後に、子どもが振り返りカードに記入する自己評価や相互評価を活用します。こうした評価情報を蓄え、教師の評価情報と合わせて総合的に評価します。

　また、ポートフォリオ評価と同様にルーブリック評価においては、授業の最初に、子ども自らが前回のルーブリックや今回のルーブリックを確認します。これによってこの授業で何をすべきかを確認することができるのです。ルーブリックがあることで、教師も子どもも目標を共通認識することができるのです。これによって、自己評価や相互評価がしやすくなります。

　さらに、子どものメタ認知能力を高めることができます。メタ認知能力とは、自分がいま何を学んでいるのかを認知する力です。Cの努力を要する状況にある子どもの多くは、自分は、何が分からないのかがわからないのです。何がわからないのかをわかっている子どもは自力で修正をすることができます。しかしこれがない子ども

は、同じ間違いを繰り返すことになります。子どもは、継続的にルーブリックを見ることでつまずきやすい部分や成長している部分を自覚することができます。

　文部科学省は、学力の重要な3つの要素を示しています。

⑴　基礎的・基本的な知識・技能

⑵　知識・技能を活用して課題を解決するために必要な思考力・判断力・表現力等

⑶　主体的に学習に取り組む態度

です。「基礎的・基本的な知識・技能」の評価は、従来の試験などでも行うことができます。しかし、「知識・技能を活用して課題を解決するために必要な思考力・判断力・表現力等」や「主体的に学習に取り組む態度」は、いわば見えない学力であり、従来の評価方法では、簡単に見極めることができません。この見えない学力（育成する資質や能力）を可視化する評価方法として注目されているのがルーブリック評価なのです。

　現在、小・中学校でもアクティブ・ラーニングが注目されるようになってきました。子どもが主体的、協働的に学ぶことで、思考力や表現力、問題解決力などを身につけようというものです。しかし、アクティブ・ラーニングを導入したとしても、目指している資質や能力が身についたかどうかが分からなければ意味がありません。アクティブ・ラーニングの成果は、評価にかかっています。現時点でのアクティブ・ラーニングの有力な評価方法がルーブリック評価です。参加体験型の授業や運動や芸術教科の評価にも適しています。

　ルーブリック評価の特徴は、階層構造にあります。ルーブリック表は、評価指標に段階を示したもので、評価基準表と共通するところがあります。Bの状況だけを作成すればよかった評価規準に比べると、ルーブリック表を作成することは面倒な課題ですが、そうしたデメリットを上回るメリットがあります。

構成主義（constructivism）

　構成主義には心理学的構成主義と社会的構成主義の二つの考えがあります。心理学的構成主義の主導者は、ジャン・ピアジェ（Jean Piaget）です。社会的構成主義の主導者は、レフ・セミョノヴィチ・ヴィゴツキー（Lev Semenovich Vygotsky）です。

　ピアジェは、心理学者ですが、構成主義を広めた人でもあります。構成主義は、「自分が持っている知識構造（シェマ）を通して外界と相互作用しながら、新たに知識構造を構成すること」を指しています。心理学的構成主義は、子どもは、自分の知識や外の世界に対する見方を自分で構成し、構成された内容を経験を通して常に再構成していくという考え方に立っています。

　こうした心理学的構成主義に対して、部分的に批判したのがヴィゴツキーです。ピアジェが、自分の中での生得的な知識の構成を強調したのに対し、ヴィゴツキーは学習に影響を与える社会的要因に焦点を当てました。わかりやすく言うと、心理学的構成主義が、学習者自身による意味生成に焦点を合わせたのに対し、社会的構成主義は、知識の協働的構成を論じます。学習を個人の営みではなく、社会的な営みとしてとらえ直すという視点です。社会的構成主義は、学習を含めて、世の中の事物が社会的に構成されていると考える立場に立っています。

　ピアジェの構成主義は、人間の学習や発達を個人と環境（自然や物など）との関係の中で捉えるもので、そこには他者は想定されていませんでした。それに対してヴィゴツキーは、知的な能力は他人との関わり合いの中から発達するということを主張しました。対人的コミュニケーションや共同体の中での社会的相互作用を通じて獲得されるというものです。

　現在の日本の教育は、社会的構成主義の影響を色濃く受けています。学習は、友だちと話し合ったり、一緒に悩んだりすることで新しい知識を再構築していくというものです。

一般的にグループエンカウンターという場合は、構成的グループエンカウンター（structured group encounter）を指しています。構成とは、教師が子どもたちに与える条件枠のことです。教師はプログラムを工夫したり、ルールを定めたりして意図的に仕組みます。構成的グループエンカウンターにおいては、最初にオリエンテーション（見通し）において活動の目的やルールを説明したあと、エクササイズやワークと呼ばれる一連の活動を行い、その後のシェアリングで体験によって感じたことや学んだことを振り返り、分かち合うという手順で実施されます。用語や手法については、ワークショップ（workshop）の技法の影響を受けています。この構成的グループエンカウンターに対して、あらかじめ用意したエクササイズではなく、フリートーキング主体で行う非構成的グループエンカウンター（unstructured group encounter）もあります。

　学校でグループエンカウンターを取り入れる理由としては、子どもたちが頻繁にトラブルを起こしたり、反対に友だちとかかわろうとしたりしない子が目立つ中で、子どもたちの心の成長を促すような、理論的で効果の確かな方法はないかと先生方が模索されていた状況があげられます。誰が計画しても変わらずに効果を上げられる点も魅力です。道徳の授業において、特に用いられているようですが、全ての教科学習や学活の時間などで、他者理解・自己理解を深めるために有効です。コミュニケーション・スキルの習得、対人関係の基本的な態度の育成、共感性の育成にも役立ちます。

　エンカウンター（encounter）とは、日本語で「出会い」を意味します。グループでの出会いや体験を通して、コミュニケーションを深め、子どもたちの成長を支援しようとするものです。ここには、アサーションの「I'm OK. You're OK.」や「みんな違ってみんないい」という考え方が支柱となっています。グループエンカウンターは、アサーティブな考え方でもあるのです。

学校カウンセリング

　教師は、カウンセラーではありませんが、カウンセラーがトレーニングによって身につける資質や能力、スキルを理解しておくことは必要なことです。それというのも、子どもたちが最初に悩みを打ち明けるのは、スクールカウンセラーではなく、たいていの場合、担任の先生であるからです。

　しかし、担任の先生なら誰でも相談できるというわけではありません。子どもたちは、普段から先生たちを吟味しています。いつも命令口調で子どもたちを管理・統制しようとしている先生には、「この先生には無理だ」という判断を下します。

　反対に、自分の苦しかった経験や悩みをありのまま子どもたちに自己開示したり、日常的にコツコツと信頼関係を積み重ねたりしている先生には、素直に相談するものです。つまり、「とりあえず、先生に相談してみよう」と思ってもらえるような人間関係を築いておくことが何よりも大切なことなのです。

　来談者中心療法のカウンセリングでは、「こうしたほうがいいよ」とか「あなたが、間違っています」といった指示や指摘はしません。これは、自分で改善しようという一番大切な気持ちに結びつかないからです。勘違いしてその答えを求めてくるクライエントの方もいますが、それはできません。それに対して教師は、「こうしたほうがいい」とか「間違っています」という指摘や指示を指導と称してするのが仕事です。ここが、カウンセラーと教師の違いです。しかし、教師が最初からどう指導するかを考えながら聴いていると、子どもたちの話の奥にある意味を聴くことができなくなってしまいます。ここにおいてカウンセリング・マインドが必要になるのです。ペーシング、適確な質問、うなずき、オウム返しなどのコミュニケーション・スキルを身につけて子どもの気持ちを聴き、子どもを理解するのが、学校におけるカウンセリングです。

　また学校でのカウンセリングには、問題解決的機能、予防的機能、

開発的機能の3つの機能があります。

　問題解決的機能は、真正面から問題を解決しようとする機能ですが、これは、そんなに簡単なことではありません。本来は、精神科医（カウンセラー）、家族、学校関係者の三者が連携してじっくりと進めていくものです。この時、なおそうとすることをあせらないことです。「解決する」や「なおす」よりも「寄り添う」くらいの気持ちでいたほうがいいかもしれません。

　予防的機能とは、将来に予測される不安や悩みに対してあらかじめ対処することを言います。具体的には、家族の不幸や災害にあった子どもに「何かあったらいつでも話においで」や「泣いてもいいんだよ」のような言葉掛けをすることです。自分を支えてくれる人がいる、心配して励ましてくれる人がいるという安心感が、これから起こりうる問題や不適応状態を予防したり軽減したりできます。

　開発的機能とは、現在よりも良い状態に導くために自己肯定感（p.18を参照）やコミュニケーション能力を高め、自己実現を図ることができるように取り組む指導援助のことです。このためには、コミュニケーション・スキルを習得して普段から活用してください。

　以前に、文部科学省の調査官に「指導や支援が個別化する傾向にある現在の学校教育には、すべての教師にカウンセリング・マインドが必要です。」と話したのですが、「カウンセリングは、保健室や相談室の話ですから」と返答されてしまいました。問題を抱えている子どもや具合の悪い子どもに対する問題解決的機能がカウンセリングの役目だと考えているのです。いまだにこの認識が一般的なのかもしれません。

　北欧では、教員資格を得るためにカウンセリングの授業を何単位も履修しなければなりません。学校におけるカウセリングは、保健室だけの話ではありません。すべての教科指導、生活指導などあらゆる場面で有効な方法なのです。

ある小学校で図画工作の授業を見せていただきました。高学年のクラスです。最初に子どもたちが図画工作室に入ってきたところで、3人の子どもが、上履きのかかとをつぶして雪駄状態で歩いているのに気がつきました。まったく初めて見る子どもたちだったので、とりあえず、上履きのかかとをつぶしてはいている子どもの一人であるAくんの近くに立って、この3人を観察することにしました。

先生の説明が始まると、Aくんは、頭を垂れ、両手で頭をかきむしり始めました。左足は、貧乏ゆすりをしています。次に机の上に落ちてきた自分の髪の毛を1本拾い上げ、引っ張ったり、落としたり、吹いたりして遊び始めました。髪の毛が床に落ちてしまうと大きなあくびを2回して、とうとう机に顔を伏せて動かなくなってしまいました。何人かの子どもたちが挙手をして指名され、意見を発表している間もAくんは一度も顔をあげることはありませんでした。先生の顔にも一度も視線を向けなかったように思います。

もう一人の上履きのかかとをつぶしてはいているBくんは、授業が始まるまでは、にこやかに友だちと談笑し、友だちの頭を小突いたりするくらい元気だったのですが、先生の説明が始まると、上体をくねらせながらお腹をさすり始めました。参観者の先生が声を掛けると「気持ちが悪い」とにやけながら答えたのですが、声を掛けた参観者の先生が離れるとその先生の後ろ姿に向かって口の右側を素早くつり上げ、「うるせえな」とでもいうようなボディー・ランゲージを見せていました。

最後のCさんは、先生の説明を先生の顔を見ながら見ていましたし、特に不審な行動はなかったのですが、グループで話し合う時間になると態度を一変させました。誰かが何かを言うと、鬼のような形相で相手を批判するのです。ペンを持つ右手を小刻みに揺らしながら感情的にまくしたてられるので、同じグループの他の子どもたちは、ため息をつきながら横を向いてしまいました。おそらく、い

つもこんな感じなのでしょう。

　授業中に授業担当者は、Bくんに2回「大丈夫？」と声を掛け、Cさんにも1度「かけましたか？」と声を掛けましたが、Aくんには、1度も声を掛けることはありませんでした。他にも問題のある子どもがいなかったわけではありませんが、この3人の着目児は、目立っていました。いわゆるCの状況にある子どもです。しかし授業担当者は、この3人ではなく、挙手をして意見を言った子どもや話しやすく問題のない何人かとばかり会話をしていました。結婚相手を探す集団見合いの場ならこれも許せるのでしょうが、税金を使った公教育の場では、あってはならないことかもしれません。教師の役割は、Bの子どもをAにすることではなく、すべての子どもをBの「おおむね満足できると判断される状況」にすることだからです。

　教育実習の学生は、大抵このことを忘れて、「努力を要する状況」であるCの子どもではなく、「十分満足できると判断される状況」であるAの子どもに話し掛けます。Aの子どもは、できているのですから、一人でやらせておいていいのです。言葉を掛けて支援をするべきなのは、意欲が失せ、どうすればいいかわからず、あるいは逃げたくなっているCの子どもなのです。

　授業後にこの3人の子どもたちのことを授業者に尋ねましたが、「家庭にいろいろ問題がある子たちなので」という何とも歯切れの悪い答えが返ってきました。家庭環境が原因だったとしても、問題は、これからどうするのかです。こういう子どもにこそ、教師は力になれるはずなのです。実際に、いろいろと複雑な家庭事情を背景にして不登校ぎみであったり、保健室登校をしたりしている子どもにこそ先生の言葉掛けが必要なのです。

　しかし簡単なことではありません。私ならどのような対応ができたのであろうか。Cの状況にある子どもにどのように対応すればいいのかを真摯に考えた貴重でやるせない時間でした。

10歳の壁

　1960年代のはじめから障害児教育、特にろう教育の世界には、「9歳の壁」という発達の節を示す言葉がありました。東京教育大学附属聾学校の萩原浅五郎が使い始めたと言われています。萩原は、知的障害がなくても、聴覚に障害がある場合には、助詞や副詞などの習得が困難になるため、文章表現を含めて言語表現能力が9、10歳で停滞してしまうということを指摘しました。これが「9歳の壁」です。ろう教育に限らず、教育現場では、9、10歳の頃につまずきやすいということが指摘されてきました。「9歳の壁」や「10歳の壁」と言われています。「9歳の節」や「10歳の節」と言うこともあります。しかし、脳科学や神経心理学などの知見に基づく科学的な根拠はありませんでした。

　10歳前後になると、友だちと自分の性格や能力などについて比較し、客観的に見つめるようになります。その結果、自信を失ったり劣等コンプレックスを抱いたりしやすくなります。また、この頃になると抽象的思考が重要視されるようになります。例えば、算数では、分数や余りのある割り算、文章問題などの抽象的思考による学習が登場します。それまで、具体的思考によって生きてきた子どもたちに変化が求められるのです。具体的思考とは、大きな概念を小さな概念にして考えることです。例えば、「幸せな人生を送る」という大きな概念を、「おいしいものを食べる」や「家族と一緒に暮らす」と考えることです。これらはすべて「幸せな人生を送る」という大きな概念を小さく具体化したものです。

　それに対して、抽象的思考は、小さな概念から一般的な大きな概念を見い出す思考です。「おいしいものを食べる」や「家族と一緒に暮らす」ことが、私の「幸せな人生を送る」ことだと考えることです。こちらのほうが、より想像力が必要です。想像力が備わっていないと抽象的思考が重視されるこの時期につまずいてしまいます。こうした思考の質的変化による根本的な考え方の変換がこの時期に起き

るのです。

　また、10歳頃になると、絵を描けなくなる子どもも出てきます。それまでは、知っているもの、経験したことを描くのですが、10歳頃になると、見ているものを見ているままに描きたくなります。しかし、見ているものを写実的に描く能力はありません。すると、自分の稚拙な能力に自信をなくし、描かなくなります。これが子どもの描画における「9、10歳の節」です。

　最近では「13歳の壁」という言葉も耳にするようになりました。中1ギャップとほぼ同義語です。中学に入学した生徒が、劇的な環境変化に溶け込めず、学習や学校生活につまずく状態です。しかし、10歳の壁も13歳の壁もネガティブにとらえず、成長の過程に差し掛かった、あるいは階段を1段のぼる機会に差し掛かったとポジティブにとらえましょう。

　10歳の節については、東京都の品川区のように、小学校4年生までと小学校5年生から中学3年間を系統立て、独自のカリキュラムで運用している地域も出てきています。

　最近では、子どもが自分の10年の歴史を振り返り、家族への感謝の気持ちを手紙に書いたり、将来の夢を発表したりする「2分の1成人式」が定着していますが、これも10歳です。この時、参考になるのは、生涯学習やカウンセリングの手法であるライフレビュー（回想法）の考え方です。自分の生きた10年を振り返ることで思いがけないつながりなどを見つけ、自分や身のまわりの人の価値や意味に気づくことになります。この気づきが、これから迎える怒涛の時代を乗り切るための力となるのです。

　一方で、「2分の1成人式」は、一部の子どもたちにとって、不幸な家庭状況を思い出させ、それをみんなの前で発表するという堪え難い活動になります。子どもの心的外傷やフラッシュバック（flashback）に十分に配慮する必要があります。

参加体験型活動

　学校教育は、講義型から参加体験型へシフトしつつあります。学校教育が指導から学習へとシフトしたのも参加体験型活動を後押ししています。それに加えて今後は、アクティブ・ラーニングが参加体験型活動を後押ししていくことになるでしょう。

　読むだけだったマンガは、ミニコミ誌やコミケットによって参加体験型のツールに一新しました。聴くことが中心だった歌は、カラオケによってみんなが歌うものになりました。最近では、ふるさと納税のお返しにまでスキューバダイビングなどの参加型プログラムが用意されています。モノではなく、活動を楽しむコト消費です。

　さて、こうした中、駅前のイベントスペースを丸々 30 日間借り切ってオープン・アトリエ・ワークショップにしてしまう活動をしました。時間を決めて定時に行う活動ではなく、随時、好きな時間に来て、好きな活動を行うワークショップです。総来場者数は、5,670名でした。日本のワークショップ史上においても、特筆すべき事業だったと思います。通う学校が違う初対面の子どもたちが、まるで昔からの友だちのように一緒になって何かをつくる姿は、なかなか見られるものではありません。

　宣伝をしなかったにもかかわらず、毎日、遠くからわざわざ来てくださる親子には、心から敬服しました。「昨日、電車で大きな恐竜と一緒にいる子どもがいて、ここでつくれると聞いたので来たんです。」と言って訪れた親子もいました。

　1 日中、一心不乱に何かをつくり続ける子どもが何人もいました。それくらいこうした社会教育活動が必要とされている時代なのでしょう。30 日間、毎日欠かさずやってきた女の子がいて、この子には手作りの金メダルを授与しました。

　こうした活動が、夏休みにはどこの街でも行われているようになるといいと思いますが、一方でこうした社会教育活動よりも学校教育がしっかりして欲しいとも考えてしまいます。

ボランティアが持ち寄った生活廃材が材料です。

あちこちで親子の会話が聞かれます。

シェアリング（sharing）

　ある小学校の授業の最後に、子どもたちに今日の授業の感想を発言してもらうという場面に立ち会いました。子どもたちは、今日の学習の感想を発表しました。この地域の先生たちは、この活動を「振り返り」と呼んでいましたが、振り返りは、本来、自分の中で実施される内省です。例えば、学習カードに今日の活動を振り返って、記録するのが振り返りです。それに対して、みんなに自分の感想を披露するのは、シェアリング（sharing）といいます。

　キリスト教の結婚式の際に、神父の前で新郎新婦が述べる「I'll share with you.」というフレーズに通じるものがあります。他人との間で「分かち合う」のです。これって、何度聞いても「愛し合う with you」に聞こえてしまうから不思議です。

　さてシェアリングは、自分が考えたことを相手に伝え、その相手からも影響を受けるという相互作用です。学校教育においては、最初は2人組で振り返り、次にその結果を全体で発表するというように、小集団から全体へとグループの大きさを徐々に拡大していく方法が有効です。これをシェーピング法（shaping）と言います。

　最近、労働時間を減らして仕事を分かち合うワークシェアリング（work sharing）や1つの場所に何人かが同居するルームシェアリング（room sharing）、1台の車を何家族かで共有するカーシェアリング（car sharing）、1つのオフィスを数社で共有するオフィスシェアリング（office sharing）などの言葉も定着してきましたが、教育の言葉でもあります。近年、様々な分野で展開されるワークショップの専門用語でもあります。

　コミュニケーション（communication）の語源は、ラテン語のコムニカチオ（communicatio）だと言われています。コムニカチオは、「共有」や「分かち合い」を意味しています。現在の「伝達」や「交流」という意味とは、違います。分かち合うことがすなわちコミュニケーションだったのです。

人は誰でも「こうあるべきだ」という信念や思い込みを持っています。特に教師は、こうした信念や思い込みをたくさん抱えている職業だと言われています。

例えば、「子どもは、先生に従うべきだ」、「親は、子どもに社会習慣を教えなければならない。」といった信念です。この信念や思い込みを子どもや保護者に否定された時、不安や悲しさ、不満、悔しさなどのネガティブな感情が発生します。これが悩みです。さらにこの状態が続くと、それらは、怒りになります。アンガー・マネジメントは、この怒りをコントロールする方法です。ここでのアンガーという言葉には、怒りだけでなく、最初の不安や悲しさ、不満、悔しさなどのネガティブな感情すべてが含まれます。

怒りっぽい人のまわりには、その影響を受けて怒りっぽい人が増えていくと言われています。嬉しいことよりも怒った時のエネルギーのほうが強く大きいので影響を受けやすいのです。

最近では、匿名で相談ができるネットの掲示板にイライラや怒りを書き込む人もいますが、励ましたり応援してくれたりする人以上に誹謗・中傷される場合も多いので、利用する際には、ある程度の覚悟が必要です。

それよりも他人の行動にイライラしている時は、「他人は他人、自分は自分」と心の中でつぶやきましょう。これだけでも怒りが収まることがあります。それでもおさまらない場合は、目を閉じて、心の中で数を数え、6秒が過ぎるのを待ちましょう。極度の怒りは、6秒しか続かないと言われています。それでもだめな場合は、鼻から4秒吸って口から8秒かけてゆっくりと息を吐く腹式呼吸をしましょう。これで6秒の倍の12秒をかせぐことができます。何かを飲むことも怒りを抑える効果があります。怒りを感じたら、水でも何でもかまいません。液体を口にしましょう。これで感情を抑えることができます。つくり笑いをすることも効果があります。

音声言語と書記言語と視覚言語

　現在の日本の教育には、自分の考えを文章や言葉で表現する「言語力」を国語だけでなくすべての教育活動で育成していくという基本方針が示されています。これに関連して、コミュニケーション能力も重要なキーワードとなっています。

　しかし、かつて、情報教育の必要性が教科を横断する形で取りざたされ、インターネットを用いた教育が脚光を浴びましたが、同様の危うさを感じます。子どもの資質や能力を育てることよりもインターネットを用いた授業が取りざたされた時代です。あの時と同様に、子どもを蔑ろにした言語活動中心の実践さえ出てきています。

　言語は、音声言語と書記言語と視覚言語からなります。音声言語は、子どもが自然に獲得する話し言葉です。書記言語は文字を媒介とする言語であり、文字言語や書き言葉が相当します。世界には、約6,000種類の音声言語がありますが、文字体系を持つ書記言語は、約400だけです。教育でいうと学習カードに記された振り返りは、書記言語にあたります。そして、視覚言語の情報には、絵図、写真、映像、記号、手話、動作、表情などがあります。ビジュアル・ランゲージ (visual language) とも言います。このうち、身体を用いた言語がボディ・ランゲージ (body language) です。また、視覚言語による情報伝達をヴィジュアル・コミュニケーション (visual communication) と言います。一方で、ノンバーバル・コミュニケーション (non-verbal communication) と呼ぶこともあります。視覚言語は、言語 (verbal) ではないという考え方です。実際には、視覚情報による視覚言語は、実生活において重要な役割を果たしています。昔も今もコミュニケーションにおける視覚言語の重要性を指摘する人は少なくありません。しかし視覚言語は、音声言語や書記言語と比べて重要な言語として位置付けられてはいません。インターネットが先導する今後の社会においては、視覚言語が重要視されるはずです。

学校教育における最も大切なコミュニケーションは、子ども同士のコミュニケーションと教師と児童・生徒のコミュニケーションです。その他、教師と教師のコミュニケーションも重要です。しかし、ここにきて注目されているのが、教師と保護者とのコミュニケーションです。何か問題が発生した場合には、家庭を訪問し、直接話をし、話を聴くことが基本ですが、直接的なコミュニケーションの前に日常的に行うことができるコミュニケーションの方法があります。それが学級通信です。学級通信は、学校と家庭とをつなぐコミュニケーション・ツールです。

学級通信、学年通信、委員会通信、行事通信、学習通信、壁新聞、はがき新聞、スクラップ新聞などの種類があります。行事予定や各種の連絡を伝えるという基本的な目的や、ホームルームで話した内容を補足したり、子どもたちの学校での様子を保護者に伝えたりという目的があります。

最近では、メーリングリストやLINEで保護者に連絡文を送ることも増えていますが、インターネットを利用しない保護者もあるので、学級通信は紙版での発行が基本です。

学級通信の発行頻度は、特に決められていません。ほとんどの教員は、学級通信が学級経営に与える効果を認めていますが、それ以上に教師の仕事は山積しており、学級通信の作成のための時間を十分に確保できない現状にあります。また、子どもの個人情報を伝えたほうが具体的で親近感のある内容になるのですが、個人情報保護への配慮が必要となるため、この二重拘束（ダブルバインド）に悩まされることになります。

帰りの学活の時間などを利用し、通信を配布する時に、そこに書いた文章を読み上げる先生もいます。学級通信に目を通さない子どもも多いのでこれは有効です。教師の指導方針を児童・生徒や保護者に伝えることができるのも重要な点です。

4本足のにわとり

　1980年代に「4本足のにわとり」という言葉が、何度も新聞に取り上げられました。4本足のにわとりを描く子どもたちが、相当数いるというものです。「子どもの自然離れだ」とか「理科離れだ」という意見と関連づけられたりもしました。その結果、にわとりやうさぎを飼う小学校が増えたという指摘もあります。

　私は、1980年代より「動植物描画テスト」という調査を小学生から高齢者までを対象に実施しています。蝶、とんぼ、ごきぶり、はえ、あり、だに、くも、馬、にわとり、いか、たこ、かに、鯉、すぎな、さつまいもの花などの昆虫、哺乳類、鳥類、魚類、植物などを次々に描いてもらうものです。

　こうした中で、4本足のにわとりを描く人の割合がわかってきました。全体では、10％から11％の人が4本足のにわとりを描きます。そして自然離れという形容とは縁が薄かったと思われる高齢者も4本足のにわとりを描きます。また彼らは、子どもたちと同じように蝶の羽を2枚にしたり、6本足のくもや8本足のかに（正しくは10本足、8本足のタラバガニはかにではなくヤドカリの仲間）を描いたり、すぎなとすずなを間違っていたりもします。さつまいもの花、くもの目の数（正しくは8つ）にいたっては、正しく描いた人は、ほとんどいません。高齢者も同じです。「今どきの子どもは」などと言える資格は誰にもないのです。

　4本足のにわとりを描いた人について詳しく調べてみると、「にわとりが2本足だということを知らなかった。」という人がかなりいることがわかります。ゆとり教育に反対する人たちが小躍りする意見です。しかし、「にわとりを描いている時、4本中、2本を描いた時、なんだかおさまりが悪く4本描いてしまった。つまりバランスを考えて4本にした。」、「私は、とさかやくちばしがあることや尾の形、足の先が3つに分かれていることをにわとりらしさと考え、それに気が向いていました。」という意見もかなりあります。これら

は、にわとりの最大の特徴を足以外でとらえていたり、総合的なバランスを重視した人たちです。知識よりもこれはこれで意味があるという評価ができるかもしれません。

　蜂は、羽が４枚ありますが、あぶや蚊やはえは、羽が２枚しかない、と教えられてもすぐに忘れてしまうものです。４本足のにわとりを描いた子どもでも、『ポケモン』のピカチュウの足の数や『妖怪ウォッチ』のジバニャンの２つに割れたシッポを間違える子どもはいません。つまり、子どもの興味・関心や取り巻く環境が変化しているに過ぎないのです。

　４本足のにわとりについての驚駭(きょうがい)の声には、客観的根拠が存在しないのに血液型で性格を判断したり、外国人に人種的偏見を抱いたり、片耳ピアスをしている男性は同性愛者だと決めつけたりすることと同種の身勝手な大人の「危うさ」が隠されているような気がしてなりません。これらは、すべて偏見です。

　４本足のにわとりを描いた子どもも、ペンギンの足の数は間違えないし、何かとてもマニアックなことを知っていたりします。切り出しナイフで鉛筆を削ったことはないかもしれませんが、ビデオゲームのコントローラーを両手の指を使って素早く動かすことができます。

　大切なことは、自分の子ども時代の価値観や基準で、現在の子どもたちの価値を推しはかろうとしないことかもしれません。

大学生が描いた４本足のにわとり

目的と目標

　職場が、ISO14001 いわゆる環境マネジメントシステムを認証取得した関係で、内部監査員の研修を受けることになりました。朝から夕方まで講義を受けるのは、何年ぶりだろうか、などと考えながら研修に臨みました。

　はじめは、教育には関係のない話だし、居眠りが見つからない程度におとなしく座っていようという程度に考えていたのですが、始まってみると意外にも興味深いものでした。

　最も興味を持ったのは、環境目的 (environmental objective) と環境目標 (environmental target) という考え方です。ISO では、大きな目的 (objective) と身近な目標 (target) を明確に区別していることでした。

　目的は、究極的な到達点であり、遠くて大きな概念です。それに対して、目標は、目的を達成するための身近で具体的な到達点を指します。しかも共に定量化できるものとされていました。定量化できるものというところが、少々引っかかりましたが、目的と目標の違いを最も定義にうるさい唯一の国際的な規格が明示していることに驚きました。

　これによれば、一連の授業の集まりである単元や題材には、目的という言葉がふさわしいし、本時の授業には、目標という言葉がふさわしいことになります。こうした意味を使い分けている学習指導案は、あまりなかったかもしれませんが、使い分けてみるとわかりやすいかもしれません。「この単元の目的は、○○で、本時の目標は、○○です。」といった具合です。

　もっとも、学習指導要領には、教科の目標とそれに続く各学年の目標があるだけで、目的という概念はありません。ひょっとしたら、これらを包括するもう一回り大きな究極の目的が存在しているのかもしれません。おそらく、臨時教育審議会や中央教育審議会が審議するような概念なのでしょう。

ハーフのお母さんの話

　国籍の違う夫婦から生まれたお子さん、いわゆるハーフのお子さんが多くなりました。先日、日本で生まれ、日本で育ったハーフのお母さんから話を聴きました。

　子どもの頃、容姿から勝手に英語を話せると判断されることが辛かったそうです。ハンバーガー店で注文しようとするとメニューを裏にひっくり返されて英語メニューにされるのだそうです。特に、中学校では、英語の先生からいじられ、友だちからもからかわれたそうです。私は日本人なのに日本人と思われていないと感じる瞬間だそうです。

　また、食事の際に「お箸の使い方が上手ですね」と言われたり、「日本では、こうするのよ」という枕言葉をつけて話したりする人がいるようです。この「上手」や「日本ではね」という言い方に上から目線を感じます。

　日本で生まれたハーフは、日本人としてのアイデンティティを持っています。そのため「外国人」や「外人」と言われた時は、「日本人です」とその都度反論しているそうです。大人になって、初対面で親や自分の国籍をたずねられたりすることにも辟易とするそうです。顔立ち、肌の色、髪の色などの外見よりも自分の中身を見てもらいたいのに、そういう接し方をしてくれる人があまりにも少ないのだそうです。

　親のどちらの国からも外国人扱いされ、どちらの国にも馴染めないハーフ（半分）ではなく、国籍が２つあり、母国語も２つあり、文化も２つだからダブル（２倍）なのだとプラスに考えたほうが良いという人もいますが、子どもの頃から積み重ねられた考えをそんなに簡単に変換することはできません。

　まず小・中学校段階で、外見で人を判断することや偏見について考える機会を充実させるべきです。道徳の時間に限るべきではありません。これもまたコミュニケーションの教育です。

フィンランドの教育事情

　フィンランドは、日本とほぼ同じ国土面積ですが、総人口は520万人ほどです。国土の約7割が森林であり、19万を数える湖があります。ヨーロッパで最初に女性の参政権を認めた国であり、世界最大のシェアを誇る携帯電話会社ノキアやLinux、サウナ、キシリトール、マリメッコ、『楽しいムーミン一家』を生んだ国でもあります。

　資源に乏しく、長い間ロシアやスウェーデンという強国の統治下にあった小さな国にとって教育に力を入れることは必然であったのかもしれません。子どもたちが、将来なりたい職業の1位は、教師です。1979年には、学士取得ではなく、修士課程を修了することが教師の資格取得条件となりました。教員養成学部は3年制なので2年制の修士課程を加えると大学に入学後5年間を要することになります。1960年代からの生涯学習の浸透によって、学校は、「知識や技術」を学ぶところではなく、「学び方を学ぶ」ところとなりましたが、フィンランドは、さらに一歩進んで、「知識の構成の方法」を学ぶ場所と位置づけられました。構成主義学習理論の影響を受けています。

　OECDによる学習到達度調査 (PISA) において、フィンランドは、常に上位を維持しています。総合成績がよいというだけではなく、学校間の格差が少ないという点も特徴です。教師の質の高さだけでなく、「教育の平等性 (equality)」が特徴です。フィンランド人に対する平等性だけでなく、移民としてフィンランドに暮らす外国人の子どもたちに対しても「教育の平等性」が保障されています。ほとんどすべての学校が公立学校であり、学費は大学まで無償です。

　小学校は、7歳からで6・3・3制ですが、保育園と小学校との間に6歳児を対象とした就学前教育 (esikoulu) があり、実質7・3・3制です。教員養成学部・大学は3年制です。

　小中学校の大半は、2学期制であり、年間の授業日数は、190日しかなく、OECDの加盟国の中では、最も少ないようです。

日本の文部科学省にあたる教育省がありますが、予算の獲得が主な仕事であり、教育内容については、口出ししません。国家教育委員会が決めたナショナル・コア・カリキュラム（日本の学習指導要領に相当）はありますが、示されているのは、最低授業日数などの基準のみであり、具体的な教育内容は、地方自治体が設定し、どう実践するかは、学校や教師個人に委ねられています。教科書も教師個人に採択権があります。

　世界屈指の教育視察国となっていて、世界中から研究者や教育省の役人が視察にやってきます。私も、インタビューを終えて部屋を出ると、韓国とかオーストラリアの研究者が外で待っているというシーンが度々ありました。学校では、どこも日本の半分ほどの人数のクラス定員で授業が行われていました。また教師は、子どもたちが、自分の考えを表現することを重要視するような授業を行っているように感じました。

　さて、サンタクロースの故郷ということで、レストランの料理には、ステーキやハムの姿になってトナカイの肉が使われています。これにコケモモのソースやクランベリーの赤い実を添えて食べます。トナカイの肉の臭い消しなのかもしれません。日本では天然記念物になっているライチョウも食べることができます。日本人観光客はほとんどいませんが、映画『かもめ食堂』の舞台となったレストランにだけ日本人があふれています。また、ベビーカーを押している人は、バスや路面電車などの運賃が無料になります。

　さて、個人的には、日本のテレビ番組で「世界一まずい飴」という称号を与えられた「サルミアッキ（SALMIAKKI）」という真っ黒な食べ物がお薦めです。子どもも大人も口にしているフィンランドの国民的食品です。これがあればフィンランドの子どもとすぐに仲良しになれます。帰国してからお土産として差し上げたところ、何人かは即座に吐き出しました。

フィンランドの授業風景（高等学校）

フィンランドの職員室（中学校）

スウェーデンは、日本の1.2倍の国土ですが、総人口は、約900万人しかいません。充実した福祉制度と男女共同参画の国であり、移民を受け入れる多文化社会国家でもあります。公務員の人数割合は33%を超え、全体の3分の1にも達します。ちなみに日本は9.5%です。ノーベル賞で知られるアルフレッド・ノーベル、教育思想家のエレン・ケイ、児童文学者のアストリッド・リンドグレンを輩出した国であり、ボルボやIKEA、H&Mの国でもあります。

スウェーデンの学校教育制度は、1年間の就学前教育（förskoleklass）の後、7歳から9年間の義務教育が基礎学校（grundskola）で行われます。その後20歳まで入学が保障される3年制の総合制高校（gymnasieskola）があり、その上に大学があります。大学は、入学希望者が定員数を上回った場合にのみ、高校での成績を基に入学者選抜が行われます。

子どもを持つ親のほぼ100%が共働きで、1歳半の時に産休が明けるため、まずこの時期に子どもは保育園（förskola）や保育ママ（デイママ）に預けられることになります。産休中も給与の80%が支給されます。産休に限らず、有給休暇は480日もあります。しかも土日を含まないので、実質的に1年半となります。そして、ほぼすべての国民が有給休暇を完全消化すると言われています。

1994年に教育の大改革が行われ、それまでのトップダウン方式ではなく、教師や学校の裁量権が格段に増加しました。学校の成績は、中学校2年生の時に、はじめて子どもに示されます。

日本とは異なり、高校卒業後、すぐに大学に進学する学生はそれほど多くはありません。18歳を過ぎると徴兵制度があるため、高校を出てすぐに大学に入って徴兵で大学生活を中断されるよりも、徴兵を済ませ、社会活動などを経験した後に大学に進学するほうがよいという考え方があったためです。しかし、2010年に徴兵制度が正式に廃止されたため、現在は、いろいろなことが変化しています。

徴兵制度だけでなく、25歳以上で4年以上の就労経験のある受験生には、特別な入学枠があることも大学入学年齢を引き上げている要因です。

　教師は、判で押したようにスウェーデンの教育で大切な考えは、「デモクラシー」であると言います。個人が社会に意見を言い、貢献できる能力を身に付けるという意味があるようです。

　学校には、教師が顧問をする部活動などはありません。地域には、コミューンによるスポーツクラブや文化クラブなどの学習サークルが数多くあり、子どもたちは、それに参加することができます。900万人の国民のうち、300万人が何らかの学習サークルなどの成人学習機関に参加していると言われていますが、サークルの運営費の約75％が公的な補助金です。

　課題としては、いじめ問題の特別予算を組むほど、いじめが大きな問題となっています。また、増加する移民・避難民の子どもたちがスウェーデン語を理解できないため、学習が滞ったり、不登校となったりするケースなどが指摘されています。

　スウェーデンは子どもたちがおとなしいです。社会保障制度が手厚すぎたために、戦争や政変によって移民が殺到し、スウェーデン語を話せない子どもたちがクラスにたくさん混じっているためです。学校によっては、90パーセントが移民というところもありました。ヨーロッパは、極右政党が台頭しているデンマークを筆頭に多かれ少なかれこの移民の問題に教育現場が悩まされており、だからこそ、自分たちのアイデンティティを表明する「デモクラシー」の教育に熱が入るのかもしれません。さらに昨今では、政権交代のたびに教育制度が変更され、教育現場では混乱が続いています。

　最後にどうでもいい情報ですが、スウェーデンでは、脱がなくてもいいとは言われますが。学校でも一般家庭でも靴を玄関で脱ぐのが慣習です。日本みたいでここに私は親しみを感じました。

スウェーデンの教室（小学校1年）

スウェーデンの職員室（小学校）

ニュージーランドの教育事情

　私と妻は、ニュージーランドのテカポ湖のほとりで結婚式を挙げました。まず、道路は日本と同じで車が左、人が右です。このため日本の右ハンドルの中古車がいっぱい走っています。車検がないので、故障しない日本車は大人気です。小さい頃に見ていた憧れの日本車がまだ現役で走っています。それからチップの習慣がありません。これが何よりも嬉しいことです。Have a nice day. がハブアナイスダイに聞こえます。いい死に方をしろということでしょうか。肉は、鹿やオーストリッチが淡白で美味しいです。郊外を車で走っていると、羊の牧場の他に鹿やオーストリッチの牧場を目にします。シーフードも豊富で伊勢海老やアワビも格安で手に入ります。物価が安いので、日本で退職した後に移住する人も増えています。日本人の老夫婦が手をつないで公園を散歩する姿は、私たち夫婦の目にした象徴的な風景です。四季はあるのですが、日本の春と秋が４回繰り返される感じです。治安がいいです。日本よりいいという日本人もいます。それが証拠に、地域によっては、民家の庭がオープン・ガーデンになっていて自由に散策することができます。長野県の小布施町みたいです。特にクライストチャーチは秀逸です。

　さて、ニュージーランドには、プレイセンター（Playcentre）と呼ばれる「親たちによる幼児教育の活動」があります。これが大変ユニークです。日本でも広がりつつあります。初等教育では、５歳の誕生日の翌日から小学校に入学できます。学年（Year 制度を採用）は、５歳でYear ０（０年生）となり、６歳でYear １（１年生）となります。保護者の考えにより６歳の誕生日を迎えてから初等教育を開始する場合もあるため、同学年でも年齢が異なることがあります。一人ひとりの入学時期が異なるため、日本の入学式のようなものはありません。Year11まで義務教育となります。学校の形態は、小学校、小中一貫校、中高一貫校、高校と実に様々です。基本的に小・中・高校入学のための入学試験はありません。子どもたちは

学区で定められた最寄りの学校へ通うことになります。小・中・高校では、体験教育を重視しています。

　ニュージーランドの教育機関は、すべてニュージーランド教育資格審議会(NZQA)の認可を受けています。NZQAの認可を受けていなければ正式な学校として認められません。

　高等教育機関には大学8校、ポリテクニック(専門学校)24校、カレッジ・オブ・エデュケーション(国立教員養成学校)5校の国立教育機関の他に、私立高等教育機関(Private Tertiary Institute)や私立専門学校があります。大学は、8校の国立大学と少ないのですが、世界の大学ランキングのトップ300の中に全部が入っているほど質が高いようです。ニュージーランドの大学は2月に新学期がスタートし、12月に修了します。大学の数が少ないので、進学する人は少なく、本当に勉強したい人が大学に行きます。中学や高校の修学旅行先として人気があるためか、日本人の留学生も年々増加しているようです。

ニュージーランドの芝生の校庭
ニュージーランドの校庭には、ラグビーゴールがあります。

ドイツの小学校事情

　ドイツでは、6歳の時に「小学校」（基礎学校）に入学し、1〜4年までの4年間が終わる10歳の時点で、(1)「基礎学校」（5〜9年または10年）にとどまる、(2)「実技学校」（5〜10年）に進む、(3)「ギムナジウム」（5〜14学年の9年制の高等学校）のいずれかの学校を選択することになっています。

　私が訪問したドイツの小学校は、8時に学校が始まりました。低学年は、保護者が学校まで送り迎えしています。高学年の子どもは、友だちと談笑しながら登校したり、一人で登校している子どもも目立ちます。日本のように革製のランドセルではなく、日本より大きな布製のランドセルを背負っています。しかも、ピンクや青色で絵が描かれたド派手なランドセルです。小学校の入り口に差し掛かって気がつくのは、日本でも見なれた遊戯王のカードが散らばっていることです。SONYのことをアメリカの企業だと思っている人がいますが、ドイツの子どもたちにとって「ヤーパン（日本）」は、遊戯王の発祥の地であり、ポケモンの生まれた国であるという確固たる認識があります。

　この日、私が訪れた小学校の1年次クラスは、22人でした。45分授業で、教室の大きさは、日本とほぼ同じです。女の子の中には、ぼろぼろになったクマのぬいぐるみを抱きしめている子もいます。ドイツでは、大切なぬいぐるみを学校に持参することは、許されています。しかし、ピカチューのぬいぐるみや遊戯王のカードを持参することは、一般的に認められていません。遊戯王のカードは、1枚500ユーロで取り引きされている高価なものもあり、大人は眉間にしわを寄せて遊戯王カードのことを話します。ポケモンカードが流行した時もいろいろと問題が起きたようです。

　授業は、基本的に午前中のみで、読み書き、計算、健康の授業が中心です。午前中の最後に、アトリエという授業があって、読み書き、計算、健康以外の内容で自分がしたいことを自分で計画して学習す

るようになっています。それ以外にも、今月はみんなで実際にお買い物をして、調理をするというように総合学習の時間が週変わりで用意されています。特にこの時間には、学校の外に出たり、ゲストティーチャー、サポーティングティーチャーを招いたりすることも多いようです。私も担任の先生から頼まれ、折り鶴の折り方を子どもたちに伝えてきました。

　各教室には、水道があって、その脇には、歯ブラシとコップが並べられています。日本のように手を洗うために教室の外に出る必要はありません。教室には、時間割、手話表、おもちゃのユーロ、はかり、化石、図鑑、積み木、絵の具、色鉛筆、定規、鳥の羽、トランプ、地域イベントのちらし、楽器、子どもの絵などありとあらゆるものが並べられています。これ以外にも一つの壁がすべて収納棚になっており、授業に必要なものすべてが用意されています。また教室の片隅には、ソファが置かれていて課題を早く終わらせた子どもは、ここで本を読んでもいいことになっています。

　10時になると、おやつの時間です。子どもたちは、持参したバナナやパンをほおばります。教室に準備されているりんごを丸かじりする子どももいます。そういえば、ドイツでは、そこかしこでりんごを丸かじりしている人を見かけます。

　給食はないので、お昼の時間になると自宅に帰ることになります。先生も午後1時には、いなくなってしまいます。両親が共働きの子どもたちは、託児施設（学童保育）へ移動して昼食をとります。こうした子どもたちは、昼食後に学童保育の先生たちやボランティアが世話をすることになります。どんぐりがいっぱいの公園で先生たちが10人から20人ほどの子どもを連れて遊んでいるという光景を頻繁に目にしました。

　学校だけに教育を任せるのではなく、地域が教育を担うという方向性が印象に残りました。

教卓にりんごが置かれたドイツの授業風景（小学校）

ドイツの小学校の校庭は、ほとんどが芝生です。
昼過ぎには誰もいなくなります。

子どもたちへ

なんとかなるさ
It's going to be OK.

幼 ― 保育園児、幼稚園児対象
小 ― 小学生対象
中 ― 中学生対象
高 ― 高校生対象
大 ― 大学生対象

12の大切なこと

　ここに書いたのは、小学校の「道徳」や「総合的な学習の時間」において、コミュニケーションについての授業をする際に、子どもたちに話している「12の大切なこと」です。

　冷蔵庫にはっておくと、きっといいことがありますよ。親子で話しあって、わが家だけの「大切なこと」をつけ加えていくのもいいですね。

「12の大切なこと」

①友だちのいいところをみつけて伝える。悪いところはみつけても言わない。

②同じ意見には「自分と同じだ」と考え、ちがう意見には「自分とはちがうけれどすごい」と考えるようにする。

③自分の考えを伝える時は、理由といっしょに伝えるようにする。

④自分の考えを両手や体を使ってあらわすようにする。

⑤相手の目を見て、うなずきながら話を聞くようにする。

⑥「がんばれ」だけでなく「がんばってるね」、「がんばったね」を使うようにする。

⑦友だちの自分では変えられないところ〈障がい、病気、肌の色、目の色、髪の毛、顔の特徴、身長、性別、名前、年齢など〉についてからかわない。

⑧「おまえ」や「こいつ」という言いかたをしない。

⑨友だちや兄妹と比べるのではなく、少し前の自分と比べるようにする。

⑩「なんとかしなきゃ」ではなく「大丈夫、なんとかなるさ」と考えるようにする。

⑪困っていることや悩んでいることを相談できる人をつくる。

⑫夢中になって時間を忘れることをいくつかみつけ、つらいときにはそれをする。

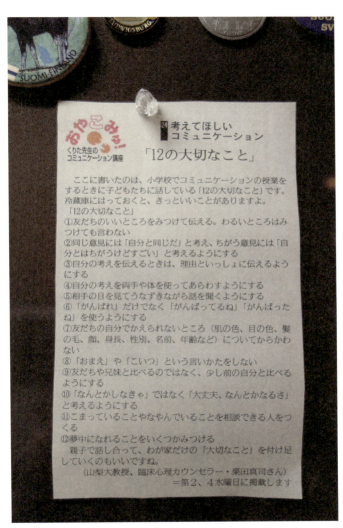

冷蔵庫にはられた「12の大切なこと」の新聞切り抜き

お父さんとお母さんにきいてみましょう

　お父さんとお母さんに自分が生まれる前のことをきいてみましょう。お父さんとお母さんが子どもだったころは、どんな遊びをしていたのでしょうか。何に夢中になっていたのでしょうか。どんなことで悩んでいたのでしょうか。将来、何になりたいと思っていたのでしょうか。いつもえらそうなことを言っているお父さんが、「何だ、ぼくと同じじゃないか」と身近な友だちのように感じられるかもしれません。

　それから、お父さんとお母さんが、いつどこで知り合って、どんなデートをして、どんな言葉で結婚を申し込んだのか、どんな結婚式だったのか、できれば写真を見せてもらいながら話をききましょう。そして、この話をする時のお父さんとお母さんの表情を観察してみてください。てれくさそうに話すと思いますが、うれしそうに話してくれたら、お父さんとお母さんは、今も幸せで仲がいいのです。もしも、いやそうに話したら、今日は、たまたま機嫌が悪いのだと思ってください。

　自分がお腹の中にいた時のこともきいてみましょう。お腹の中にいる時に男の子なのか女の子なのか、どっちだと思ったのでしょうか。よく動いたのでしょうか。どれくらいのお腹の大きさだったのでしょうか。そして自分が生まれた時のことをきいてみましょう。生まれる時には、陣痛という痛い時間がきます。それを乗り越えて産んだ瞬間は、どんな気持ちだったのでしょうか。お母さんは、きっとたくさん話してくれるはずです。待っていたお父さんはどんな気持ちだったのでしょうか。そして、どうしてこの名前にしたのでしょうか。あなたの名前は、お父さんとお母さんからの最初のプレゼントです。こういう人になってほしいという願いがわかるかもしれません。

　そして最後に、お母さんをだきしめながら伝えてください。「ぼく（わたし）を産んでくれてありがとう。」と。

幼
小
中
高
大

親友をつくりましょう

　太宰治の『走れメロス』という小説を読んだことがありますか。人を信頼することができなくなったディオニス王に都で刃向かった青年メロスが、郷里にいる妹の結婚式をあげるために処刑まで3日間の猶予をもらい、戻ってくるかどうかを王に試されるお話です。3日目の日没までに戻らない場合には、身代わりになった親友のセリヌンティウスが処刑されます。結局、何とか間に合うのですが、メロスは、一瞬裏切ろうとしたことをセリヌンティウスに告白します。セリヌンティウスも一瞬疑ったことを告白します。ここが大事なところです。

　あなたには、親友がいますか。メロスとセリヌンティウスのような親友とただの友だちは何が違うのでしょうか。おそらく、相手の欠点を指摘できないのがただの友だちです。できるのが親友です。深刻な話をすると相手が引いてしまうのではないか、と心配になり、普通の話はしても深刻な悩みを相談できないのが友だちです。それに対して、深刻な悩みを相談できるのが親友です。つらい時にいなくなってしまうのがただの友だちです。つらい時に、いやな顔をせずに隣に寄り添って一緒にいてくれるのが親友です。長い時間一緒にいても苦にならないのが親友です。これからもずっと付き合っていきたいと思うのが親友です。

　しかし実際には、親友がいる人は少ないのです。親友を見つけることを将来の目標にしましょう。この人が探していた親友候補かもしれないと思う人に出会ったら、自分の弱みや悩みを相手に話しましょう。探していた親友ならば、相手も同じように悩みを打ち明けてくれるはずです。なお、同じような価値観を持った人と出会うために同じような価値観を持った人がいそうな高校や大学を進学先として選ぶといいかもしれません。

　それから、親友が見つかるまでは、親や兄妹や先生に悩みを打ち明けて親友の役割を引き受けてもらいましょう。

人の話を聴きましょう

　コミュニケーションにとって大切なことは、人の話をきくことです。口は一つですが、耳は二つです。倍とは言いませんが、話すことよりもきくことを心掛けたほうがいいのです。「いつも話をきいている」という人がいるかもしれませんが、ただ黙ってきけばいいわけではありません。耳に音が入ってくることを「聞く」と言います。それに対して、相手の考えや気持ちを理解しようとしてきくことを「聴く」と言います。「聞」という字には、耳が入っていますが、「聴」という字には心が入っています。耳できくことが「聞く」で、心できくことが「聴く」なのです。先生が話し出したら、先生の考えていることや気持ちを理解しようとして聴いてみてください。先生の言っていることをわかろうとすると、勉強も楽しくなってきます。

　さて、相手の話を聴くときに少し練習してほしいことがあります。まず、相手の目を見て話を聴きましょう。目を見て話を聴くことが「理解しようとしています」という最初の合図になります。それからオウム返しをしながら話を聴きましょう。オウム返しとは、相手が言ったことを、言葉を変えずに繰り返すことです。相手へ「きちんと認識しました」というメッセージを発信し、安心感を与えることができます。「寒いね」と言われたら「寒いね」と返すのがオウム返しです。それから相手の話をうなずきながら聴くようにしましょう。これもあなたの話を聴いていますという合図になります。また、相手がうれしそうだなと感じたら、こちらもうれしそうな声で話しかけます。相手の気持ちを聴いてそれに合わせるのです。相手にあなたの気持ちや考えを伝えたり、相手に質問をしたりすることでより良い信頼関係を築くことができます。

　反対に、相手がまだ話し終わっていないのに途中で割って入ってはいけません。相手の一部だけを見てすべてをわかったと考えることを心理学では「過度の一般化」と言います。これも聴く態度としていいことではありません。

約束を守りましょう

　家から学校までの間にいくつの信号がありますか。赤信号の時には、ちゃんと止まっていますか。赤信号になったら止まる、青信号になったら進むというのは、社会の約束です。もしも、みんながこの約束を守らなかったらどうなってしまうのでしょうか。毎朝の通学は、命がけのできごとになるはずです。

　約束を守ることは、社会や人間関係の基本です。例えば、友だちと公園で遊ぶ約束をしたとします。でもマンガを読むのに夢中になっていて、約束の時間を忘れてしまいました。1時間もです。友だちは、1時間の間、公園で一人で待っていました。遅刻は相手の時間をうばってしまいます。時間は、人間にとって最も大切な財産です。人生が80年だとすると、あなたの時間は、わずか70万時間しかありません。あなたが10歳だとすると、あと61万時間です。さらにその3分の1は、睡眠時間として使われます。残りは、40万時間しかありません。この瞬間にも、自分に残された時間は、刻一刻と少なくなっています。その大事な時間を、約束を守らなかったことで無駄にしてしまうのです。

　約束を守るためには、「守れない約束はしない」ことです。守れそうにないと思ったら無理をせずに「約束できない」ときっぱりと断りましょう。

　そして約束をしたら守ることです。約束を守ることで信頼関係が生まれます。信頼できる人がいることは幸せなことです。誰かに信頼されていることは、さらに幸せなことです。信頼関係は、約束を守ることによって築かれます。

　しかしこの信頼関係は、たった1度約束を守らなかったことによってくずれさります。10回約束を守っても、1回守らなかっただけで信頼関係はゼロになるのです。算数の引き算では、10－1＝9ですが、信頼関係においては、10－1＝0になってしまいます。約束は必ず守りましょう。

お手伝いをしましょう

　子どもの頃、我が家のお風呂は釜炊(かまだ)き式でした。湯船の下に釜戸があり、そこに薪(まき)を焼べてお湯を沸かすのです。学校から帰ると近くの山に薪を拾いに行きました。ついでに蝶を捕まえるので、手には蝶の図鑑などを持っています。農作業をしている人には、「二宮金次郎」と冷やかされました。薪を拾いながら自然と木の名前を覚えました。ケヤキという木は、煙が目にしみるので拾わないように気をつけました。後にこの煙が塩化水素であることを学校で学びました。ケヤキは、日本に自生する木の中で最も多くの塩素を含む木です。ちなみに白い紙も漂白に塩素を用いているので目にしみます。ダイオキシンも発生します。そんなことを大人になって『ポリ袋でつくる』という本にしました。

　きのこの名前も覚えました。松茸を採ったこともあります。薪と一緒にその日のごみも燃やしてしまうので、家ごみはほとんど出せんでした。のび太は、見せたくないテストをかくしますが、私は燃やしました。今となっては、なつかしい思い出ですが、子どもの私にはつらい手伝いでした。そのつらさを少しでもやわらげるために図鑑を持っていたのだと思います。

　さて最近は、学校から「お手伝いをしましょう」という宿題が出るようになりました。宿題だからいやいや手伝いをするというのはよくありません。「手伝って」と頼まれたので手伝うことや、お小遣いをもらえるから手伝うのは、あまりいいことではありません。本当は、困っている人を助けるために自分から手伝うのです。そうするとその人から感謝され、誰かの役に立つことの幸せを感じることができるのです。これが働く喜びになります。ついでにいろいろな知識や技術が身につきます。学校で学んだことと生活の中で学んだことが結びつくこともあります。本で読んだことと違って、これは忘れられない記憶になります。困っている人を見つけたら、自分から進んでお手伝いをしましょう。

困っている人を助けましょう

　道で困っている人を見かけたらどうしますか。「どうしたんですか」、「大丈夫ですか」と声をかけますよね。このような人を助けようとする行動を心理学では、「援助行動」や「愛他(あいた)行動」と言います。勇気がいる行動です。

　しかし、学校のクラスでいじめられている同級生を見たらどうしますか。たくさん見ている人がいると、いじめられている同級生を見ても見なかったふりをしてしまう人が出てきます。これを「傍観者効果(ぼうかんしゃこうか)」と言います。私が助けなくても誰かが助けてくれるだろうと考えることです。あるいは、私が助けたら、仲間はずれにされるかもしれないと考えることによって起きる行動です。いじめられている同級生にとっては、これがとてもつらいことです。みんなが自分の敵になったように感じられるからです。

　「都会の人は冷たい」という人がいますが、たくさん人がいる都会では、傍観者効果が働きやすくなるからかもしれません。都会であっても、一人で歩いている時に困っている人に出会ったら、ほとんどの人は困っている人を助けるはずです。

　この時、助けたことに対する見返り（ごほうび）を期待してはいけません。ごほうびでは、本当の幸せは得られません。人が幸福感を得られるのは、「自分が必要とされている」、「人の役に立てた」、「自分には価値があるんだ」と思えた時です。

　困っている人がいたら、自分に何ができるのかを考え、自分ができることを実践しましょう。重い荷物を持っているお年寄りがいたら持ってあげましょう。バスや電車で席をゆずるのも人助けです。いつもご飯をつくってくれるお母さんのお手伝いをするのも立派な人助けです。ごみ出しをするのもいいでしょう。もしもできることがないのであれば、他の人の話を聞いてあげるだけでもいいのです。これによって、人の役に立てたという幸せな気持ちをもらえることになります。

夢中になれること

　学校で冬にマラソンをすることがありますが、走り出してすぐにひざが痛くなったり、お腹が痛くなったり、肩が痛くなったりすることはありませんか。そんな時は、なぜ、こんなに痛い思いをしながら走らなければならないんだろうとつらい気持ちになります。でもしばらくがまんして走っていると、つらい気持ちがなくなり、身体の痛いところもなくなり、幸せな気持ちで走っている自分に気づくことがあります。この状態をランナーズ・ハイといいます。

　ランナーズ・ハイになっている時の脳を調べたところ、リラックスしている時に出る「α波」という脳波が出ていることがわかりました。また「β-エンドルフィン」という脳内ホルモンが分泌されていることもわかりました。β-エンドルフィンは、心の痛みや身体の痛みを取り除く幸せホルモンと呼ばれているものです。

　しかし、ランナーズ・ハイだけではありません。人は、夢中になっている時に幸せな気持ちを感じることができます。家で工作をしていたら、いつの間にか3時間が過ぎていたということはありませんか。サッカーのリフティングをしているといつもあっという間に暗くなっているということはありませんか。大好きな本を何時間も夢中になって読んだあとに幸せな気持ちを感じたことはありませんか。そうした時間は、あなたの心の成長にとってかけがえのない時間なのです。

　これから、何度もつらくて苦しくて泣きたくなるほど落ち込む時がやってきます。そんな時に、この夢中になれることがあなたを助けてくれます。つらくなったら、夢中になれることを思い出して実行してみましょう。いやなことを早く忘れることができるかもしれません。幸せホルモンがあなたを助けてくれるからです。できれば、夢中になれることが複数あるといいかもしれません。

　あなたには、いま夢中になれることがありますか。大人になるまでに夢中になれることを見つけてください。

〈夢中でつくったスピノサウルス〉

　小学校の授業時間は45分間です。集中し始めたところで終わってしまいます。でも自分の家なら制限時間はありません。家では、何時間もかけて夢中になることを思いきりやってみましょう。そのために土曜日、日曜日、夏休み、冬休み、春休みがあるのです。

　この作品は、この男の子が夏休みに図鑑でスピノサウルスという恐竜を見ていたらどうしてもつくりたくなったらしく、牛乳パックと赤いガムテープとペットボトルのふたを材料にして3時間ほどかけてつくったものです。しかし、すぐにたおれてしまったので、自分の2本足で立てるようにするためにガムテープの芯やいろいろな材料を使い、さらに1時間ほどかけて完成しました。作品は、図書館に展示してもらいました。

先生のこと

　学校の先生は、いろいろなことを教えてくれます。落ち込んでいる時には、優しく声を掛けてくれます。朝の会の時に一生懸命に冗談を言ってくれます。運動会の時には、クラスで一番燃えています。放課後や土日の部活動にも文句を言わずに付き合ってくれます。夏休みには、クイズ付きの暑中見舞いハガキをくれたりします。何かあった時には、家まで来て話を聞いてくれます。卒業式には、目を真っ赤にして泣いてくれます。大人になって子どもの頃を思い出す時、最初に思い出す人だったりします。それほど身近で大事な大人が先生なのです。

　でも先生にも、うちのお父さんやお母さんと同じように大切な家族がいて、そこでの生活があります。買い物に行ったり、ゲームをしたり、旅行に行ったり、庭でバーベキューをしたり、病気になった家族の看病をしたり、家族とけんかをしたりする毎日の生活があるのです。先生も普通の人間なのです。

　だから時には、機嫌の悪い時もあります。先生は、スーパーマンではないし、神様や仏様でもありません。なんだか今日の先生は、イライラしているな、と思うこともあるでしょう。近寄らないほうがいいかも、と思う時もあるかもしれません。

　そんな時は、「どこか具合が悪いのかな」、「昨日、夫婦げんかでもしたのかな」、あるいは、「子どもが言うことを聞かないのかな」と想像してみてください。そして、こういう時にどのように接すればいいのかを考えて実験してみてください。このような思いやりのある広い心で先生と接することで、あなたの心はまた一つ成長できます。これも先生のおかげです。

　先生がすべってしまうようなダジャレやオヤジギャグを言った時も、くだらないと無視したりせずにもっと笑ってあげたほうがいいかもしれませんよ。だって先生は、みんなを元気にしようと一生懸命にがんばっているのですから。

何のために勉強するのか

「ちゃんと勉強しないと大学に行けないよ」、「将来苦労するよ」、「ろくな仕事につけないよ」、「きっと後悔するわよ」

お父さんやお母さんは、なぜこんな言葉で子どもをおどすのでしょうか。それは、子どもに勉強してほしいからです。ほとんどのお父さんやお母さんは、もっと子どもの時に勉強しておけばよかったと後悔しているのです。でもこう言われてもやる気にはなりませんよね。そうなんです。勉強は、いくら人から言われてもやる気にはならないのです。自分からやろうという意欲が出た時にできるものなのです。では、どうしたら自分からやろうという気持ちになることができるのでしょうか。

「こんな勉強が何の役に立つんだろう」と考えたことはありませんか。私は、子どもの時にいつもこう考えていました。学校での勉強には、社会で役に立ちそうもないことがあまりにも多かったからです。特に社会科や理科です。しかし、すべてのことには意味があります。何の役に立つのかという意味が見つかると、それが意欲の原動力になります。

その後、いろいろな答えに出会いました。「夢をかなえるため」、「知ることで自分が変わるため」、「将来豊かな生活を送るため」、「勉強で得た知識を社会に役立てるため」、「人間的に強くなるため」、「考える力をつけるため」、「人生を自分で切り開いていくための力を身に付けるため」、「困難を乗り越えるため」、「自分の興味・関心に気づくため」などです。

私の答えは、「いろいろな勉強で多様な視点や考え方を学ぶことで柔軟な心を手に入れるため」です。柔軟な心があれば、新しいことを考え出すことができ、悩みの原因である思い込みを変更できるので悩まずに生きて行くことができます。

なぜ、勉強しなくてはいけないのか。ひょっとすると、この答えを見つけるために勉強するのかもしれません。

将来の夢

あなたは、将来、どんな仕事につきたいのでしょうか。

自分が最も得意で心地よいと感じられることは何だろうかと考えてみることです。その時に、決してお金や地位のことを考えてはいけません。そんなものは、仕事に関係なく運がよかった時にだけあとからついてくるものなのです。そして、お金や地位は人の幸せを保証してはくれません。人をだましてたくさんのお金を得るよりも、お金が入らなくても1日の仕事が誰かに感謝され、充実感が得られることのほうが幸せです。テストの成績がいいから医者になりたいという考えも間違いです。医療は、向き、不向きが最も顕著な仕事です。

サッカーをしている人は多いし、Jリーガーを目指している人は多いでしょう。そんな世の中でJリーガーになれる人はごくわずかです。そんな時に、人気のあるサッカーではなく競技人口の少ない例えば、カバティのような仕事を選ぶというのも一つの方法です。カバティなら努力次第で日本で10位くらいにはなれるかもしれません。大学選びやその先の仕事選びもこれと同じことが言えます。人気のある世界で自分の居場所を探すのは大変なことです。これは、別に安易なほうへ逃げろと言っているわけではありません。多数の人と同じ価値観では厳しいのです。

しかし実際には、長いものに巻かれる人は大半です。みんながやっているからあのカードゲームがやりたいという子どもたちやみんなが持っているからルイ・ヴィトンのバッグが欲しいと思う大人たちは、多数派の価値観の中で安心し、そこに自分の居場所があると考えています。

あなたの人生は誰もかわってはくれません。人と比べたりせず、自信を持って自分で決めればいいのです。ただし、自信が持てるようにするためには、毎日何となく過ごすのではなく、それなりの努力をしなければなりません。

小さな目標と大きな目標

あなたの人生の目標は何ですか。生きていく上で、目標を設定することは、とても大切なことです。しかし、実際には、目標を探し出せない人は多いのです。

できれば、目標は大きく持ちましょう。「ノーベル賞をとる」とか「オリンピックで金メダルをとる」とか「宇宙飛行士になる」でいいと思います。しかし、大きな目標だけだと「どうせ無理だ」とか、「可能性がない」と感じてしまい、やる気がなくなってしまいます。どうすればいいのでしょうか。

答えは、目標を小さく分けることです。大きな目標のために今年一年の目標を立てるのです。今月の目標を立てるのです。あるいは、今日の目標を立てるのです。つまり、短期の目標と長期の目標を使い分けることです。すべての結果は、一つ一つの小さなことの積み重ねです。その積み重ねをきちんと実行して目標を達成することが大事なことです。小さな目標を達成することは、うまくできた喜び（成功体験）を生みます。うまくできた喜びは、自信となって次の活動のやる気をつくり出します。

うまくいかない時や失敗した時も目標が役に立ちます。今日は失敗したけど、私にはあの大きな目標があるのだから、こんな小さなことでくよくよする必要はないと考えると小さな失敗が気にならなくなります。そして「だんだんよくなっていけばいい。きっと良くなっていく」と心の中でとなえてください。

目標を紙に書くことも大事なことです。書くことで脳が目標として意識してくれます。さらに紙に書いた目標を日常的に目にするところにはって、目標を常に意識することです。目標だけでなく、うまくいかない時は、自分の気持ちを素直に紙に書いてみましょう。感情を文字にして書くことで気持ちが落ち着きます。もやもやした感情を文字によって論理的な内容へと変化させることができるからです。日記を書くこともいいことですよ。

あきらめないこと

　やりたいことやなりたいものがあるのに、能力が足りなかったり、機会に恵まれなかったり、やむを得ない障害によってその方面に進めないということはよくあることです。その結果、希望しない別の道に進むことになりますが、そんな場合、こんな道を選ぶはずじゃなかった、とくやんだり、こうなったのは○○が原因とうらむのではなく、今のこの時間も自分の夢の実現のために役立っていると考えたり、段々とそっちに近付いて行けばいいとポジティブに考えることです。

　生涯にわたって学ぶとは、生涯にわたって自分探しをすることでです。18歳や22歳までですべてが決まってしまうなどと短絡的に考える必要はありません。あきらめずに見つけた夢を持ち続けること自体が生きて行くエネルギーになります。あきらめない人だけが夢を実現することができるのです。

　知り合いに40歳近くまでサラリーマンをしていたのに、突然、大学に入りなおして医師になった人がいます。65歳になって自分の夢だった建築家になった人もいます。この人たちはとてもそういう年齢には見えません。あきらめない気持ちと夢がかなった幸福感が彼らを若々しく元気にしているのだと思います。

　私の場合は、自分の夢がなかなか見つかりませんでした。北海道で漁師をしたり、茨城で保育の仕事をしたり、岐阜で僧侶をしたりしていたのですが、現在は、子育ての悩みを受け止める仕事が天職だと感じています。しかし、将来、これも変わるかもしれません。

　私の場合、これまでにたくさんの人に助けてもらってなんとかやってきたので、今は誰かの役に立ちたいという気持ちが強くなっています。おそらく、今はもう何の仕事でもいいのです。どんな職業でも関係ありません。1日の仕事が終わった後に、今日も誰かの役に立つことができたと感じることができれば、それが私にとって幸せなことなのです。

変えられないこと

　ある中学校の休み時間に「ちび」と友だちにからかわれている男の子に出会いました。こがらでメガネをかけています。話をしてみたのですが、私と目を合わそうとはせず、声は小さく、明らかにおどおどとしていて、自分に自信を持っていないことが伝わってきました。この中学生は、小さな身体に生まれたくて生まれてきたのでしょうか。あなたの身体は、自分の思い通りにできているのでしょうか。あなたには、自分で嫌だなあと思う自分の身体の部分はないのでしょうか。きっとあるはずです。

　人間には、努力しても自分で変えられないことがあります。肌の色、目の色、髪の毛、顔、身長、体格、性別、名前、年齢などです。この顔にしてくださいと自分で選んで生まれてきたわけではないし、男に生まれたくて生まれてきたわけではありません。これらは、自分で決めたことではなく、生まれた時には、すでに決まっていたことです。自分で努力しても変えられないのに、そのことをからかわれたらどうすればいいのでしょうか。そして、どんな気持ちになるのでしょうか。想像してみてください。

　わが子のことを「おチビちゃん」や「たれ目ちゃん」や「おでぶちゃん」と呼んでいる保護者を見かけます。子どもの前で「パパに似て目が小さいね」とか「ママに似ていればかわいかったのに」などと発言するのも大きなお世話です。こんな大人には、ならないでください。また、自分の親のことを「デブ」とか「ハゲ」と呼ぶ人がいます。軽い気持ちで呼んでいるのかもしれませんが、一番大事な家族から言われるこれらの言葉は、深い心の傷となる可能性があります。

　外見なんてどうでもいいのです。大事なことは、外見ではなく中身です。外見は、やがてみんな年老いてしまいますが、中身は、一生輝き続けます。老いることのない心を磨きましょう。どんな容姿であろうとも、ありのままの自分でいいんだ、大事なのは中身だと考えるようにしましょう。相手の容姿をからかうのもやめましょう。

生まれてきた意味

　最近、高校生と大学生から相次いで「死にたい」という相談を続けて受けました。しかし、誰にも相談できずに一人で悩んでいる人もいるのではないでしょうか。そんなあなたに聞いてほしいことがあります。

　あなたは、死にたいと考えるくらいつらい思いをしているかもしれませんが、想像してみてください。死んだらお父さんやお母さんはどんな気持ちになるのでしょうか。私が大好きだったおばあちゃんは、一人息子（私の叔父）を自殺で失いましたが、思い出してはいつも泣いていました。何十年もの間、思い出しては泣いていました。おばあちゃん子だった私は、悲しい気持ちを心の奥に抱えて育ちました。この世で最大の親不孝は、親よりも子どもが先に命を落とすことだと思います。

　あなたには、この世に生まれてきた意味があります。生きる意味がない人なんていません。これから先、あなたがいることで誰かが必ず幸せになります。その誰かは、これから出会う親友かもしれないし、将来結婚するパートナーかもしれないし、将来生まれてくる我が子や孫かもしれません。とにかく誰かの役に立ち、幸せにできることがきっとあります。そのために、人は生きていくのです。悲しみを知っているからこそ、これからの先の幸せや喜びをより深く感じ取ることができるのです。

　すべての人に好かれたいとか、たくさんの理解者がほしいと考えるかもしれませんが、たくさんいればいいというものではありません。ソーシャルメディアでつながっている仲間は、本当に困った時には助けてくれません。それよりも何でも相談できる人がたった一人いれば、どんなにつらくてもなんとか生きていけるのです。そしてその人には、きっとあなたが必要です。いまはそういう人がいなくても、必ずその人は現れます。信じてください。その人はきっと現れます。その人のために生きてください。

泣いてもいいんだよ

最近、話をするようになった高校生のＭ君の話です。

Ｍ君は、くやしい経験を思い出しながら話していると、涙が出てきてしまいます。感動しても涙が出ます。やさしいから泣くのです。お母さんの前でも涙が止まらなくなります。お母さんもムーミンママのような人で「男なんだから泣かないで」などと言ったりはしません。それどころか、一緒に泣いてくれます。そしてＭ君は、泣くと途端にすっきりした顔になります。

感情的な涙は、抑圧して心の奥底にしまいこんだ感情が表に出て表現される時に出るものです。心理的には、押し込んでいた感情を吐き出した心地よさによってすっきりします。

海で生きる動物は、体内の塩分濃度を下げるために、塩分の濃い涙を流しますが、人間の涙にも生理的な意味があります。

感情的に涙を流すと、鎮痛薬モルヒネの数倍もの鎮痛作用と快感作用を持つβ-エンドルフィンというホルモンが分泌されます。β-エンドルフィンは、笑った時にも分泌されます。これが、おもいきり泣いたり、笑ったりしたあとにすっきりする理由だと言われています。

また、ストレスを受けるとコルチゾールという物質が分泌され、免疫力を低下させたり、記憶力に障害を起こしたり、無気力になったりします。感情的に泣くと、涙がコルチゾールを体外に運び出し、血液の中の量を減少させることになります。これも泣くとすっきりする理由です。

悲しくて泣く、嬉しくて泣く、卒業式で感動して泣く、など感情的に泣くのであれば、理由は何でもかまいません。泣けば、すっきりします。ただし、目にごみが入った時の涙や玉ねぎをきざんだ時の涙、あくびの時の涙は、β-エンドルフィンやコルチゾールとは関係ありませんのですっきりすることはありません。泣きたい時は、すっきりするためにも泣いていいのです。

ビニール袋と呼ばないで

あなたは、自分の名前を間違えて呼ばれたらどうしますか。「いいえ、私は○○です。」と正しい名前を言いますよね。でも、自分で正しい名前を言うことができず、何十年もの間、ずっと名前を間違えられたままの身近な生活用品があります。それは、「ポリ袋」です。

鉄でできているから鉄棒と言います。雪でできているから雪だるまなのです。それなのに人々は、ビニールではできていないのにプラスチックでできた袋のことをビニール袋と呼んできました。本当は、ポリエチレンかポリプロピレンでできているので、「ポリ袋」が正しい名前です。ビニール袋などのビニール製品が、最初に社会に登場したために、その後に普及したポリ袋もビニール袋と呼ぶようになってしまったのです。

ビニールもポリエチレンも石油からつくりますが、別のものです。ポリエチレンは、石油からつくりますが、ビニールは、石油と塩からつくります。この塩に含まれている塩素が、燃えた時に有害な塩化水素やダイオキシンを発生させます。一方、ポリエチレンは、私たちの体と同じように炭素と水素からできているので、塩化水素やダイオキシンは、発生しません。燃やすと二酸化炭素と水蒸気が発生するだけです。

1990年代の終わりまで、学校や家庭には、ごみを燃やす焼却炉がありました。しかし、焼却炉の灰から強い毒性を持つダイオキシン類が見つかり、全国の学校から焼却炉が一斉に撤去されました。焼却炉のダイオキシンは、プラスチックを燃やしたことが原因だとされました。しかし当時すでに、学校で燃やすごみの中にビニールのような塩素を含んだプラスチックは、ほとんど存在しませんでした。それでは、学校の焼却炉のダイオキシンは、何を燃やしたことによって発生したのでしょう。

実は、草や木にも塩素が含まれています。特にケヤキという木は、塩素を多く含んでいます。江戸時代の人々は、たき火にケヤキの木

を燃やさないように注意していました。煙が目にしみるからです。つまり、落ち葉、草、木の枝を燃やしても塩化水素やダイオキシンが発生する可能性があるのです。また紙も白く漂白するために塩素が使われています。紙を燃やせば塩化水素やダイオキシンが発生する可能性があります。プラスチックなら何でも環境に悪くて、自然のものなら何でも環境にいいという考えは、間違っています。

　それから、ビニールは、水に沈みますがポリエチレンは水に浮きます。身近なものを試してみてください。水に沈むビニールは、なかなか見つからないはずです。ビニールは、紫外線ですぐに劣化してしまうことと、重くて運搬などの費用がかかること、環境への影響などによって使われなくなっていったプラスチックです。昔、ビニール傘は、本当にビニールでできていました。しかし現在は、ポリエチレンになりました。それなのにいまだにビニール傘と呼ばれています。「ポリエチレン製ビニール傘」という意味がわからない製品もあります。「アルミニウム製ステンレス鍋」というありえない製品のようなものです。百円ショップで売っているプラスチック製品もほとんどがポリエチレン製品です。特に、ビニールでできた袋は、見つからないでしょう。ホームセンターには、いろいろな大きさ、色、形の袋が売られていますが、ビニールでできた袋は、ありません。お店でくれる白いレジ袋もポリ袋です。クリーニングに出した服が戻ってきた時に入っている透明の袋、パンやお菓子やお米が入っている袋もどれも本当の名前は、ポリ袋なのです。学校の教科書にも「ビニール袋を使って」などと書いてあります。新聞やテレビも「ポリ袋」のことを「ビニール袋」と呼んでいます。

　あなたのまわりにも「ビニール袋」と間違えて呼んでいる人はいませんか。でもこれからは、誰かが「ビニール袋」と呼んでいたらそっと教えてあげてください。「これは、『ポリ袋』って言うんだよ」ってね。

サンタさんの秘密

　何年か前に、フィンランドという国にいってきました。日本から1万キロほどはなれたたくさんの湖と森がひろがる国です。フィンランドは、サンタクロースの国です。そこで本物のサンタさんに出会いました。その時にサンタさんから直接きいたことを特別に内緒でお話しします。

　サンタさんは、ひとりしかいないのですか？

　「ひとりだけじゃ世界中の子どもたちへのプレゼントはくばれんよ。フィンランドだけではなく、世界中にたくさんのサンタクロースがおるんじゃ。わしよりもずっと若いサンタクロースもおるし、ここだけの話じゃがな、おばあさんやおねえさんのサンタクロースもおるんじゃよ。」

　サンタさんは、どうして子どもたちのほしいものがわかるのですか？

　「サンタクロースには子どもの気持ちがよめるんじゃ。といってもときどき予想がはずれてしまうこともあるんじゃがな。そんな時は、もうしわけないと思っとるんじゃよ。」

　えんとつがない家にはどうやって入っていくのですか？

　「サンタクロースは、いろんな魔法がつかえてな。本当は、わざわざえんとつから入らんでもかべを通りぬけたり、小さくなってドアのかぎ穴から入ることもできるんじゃよ。だから、かぜをひいて魔法が使えん時は、本当に大変なんじゃよ。」

　誰かがサンタクロースなんて本当はいない、あれはお父さんかお母さんだと言っていましたが、それは間違いです。サンタさんは本当にいます。でも、信じていない子どもや眠らないで起きて待っている子どものところにはやって来ません。そういうきまりがあるそうです。

　もうすぐクリスマスです。あなたのうちにも本物のサンタさんがやってきますように。

ヨンタさんの秘密

　みなさんは、クリスマスにやってくるサンタさんのことを知っていますよね。それでは、ヨンタさんのことは、知っていますか。ヨンタさんは、サンタさんの弟です。

　ヨンタさんは、おねぼうさんです。サンタさんがおこさないと、毎日、お昼過ぎまでねむっています。ひょっとすると、夕方までねむっているかもしれません。まるまる２日間も眠っていたこともあるそうです。

　ヨンタさんは、おふろが大嫌いです。だって、服をたくさん着ているので、ぬぐのがめんどうなんですもの。おふろでかみの毛を洗うのも嫌いです。だって、大切な銀色のかみの毛が少なくなりそうなんですもの。ドライヤーでかわかすのはもっと嫌いです。

　クリスマスになると、サンタさんは、おおいそがしです。一人でプレゼントをくばるのは大変です。だから弟のヨンタさんにもプレゼントをとどける仕事を手伝ってもらっています。でもいつもワインを飲んで赤い鼻をしているヨンタさんは、プレゼントをくばる時に間違えてしまうことがあります。欲しかったプレゼントがとどかなかったことはありませんか。それは、きっとヨンタさんが間違えてしまったからです。

　それからヨンタさんは、サンタクロースを信じていない子どもの家に行くと、プレゼントをくばり忘れてしまいます。それどころか、冷蔵庫の中の食べものを勝手に食べていってしまうそうです。お父さんやお母さんのお酒も飲んでいってしまうそうです。おまけに、鼻をかんだティッシュペーパーを丸めておいていくそうです。

　サンタさんには、もう一人、ゴンタさんという弟がいるのですが、くわしいことはわかっていません。

　今年のクリスマスにあなたのおうちにやってくるのは、サンタさんでしょうか、それともヨンタさんでしょうか。それともゴンタさんなのでしょうか。

息子へ

　結婚して何年かがたってもなかなか子どもができないので、パパとママは、少し心配していました。特にママは、自分のせいかもしれないと悩んでいたのかもしれません。君が生まれる前の年、ママは、仕事でカナダに行っていました。パパとママは、結婚してから離れ離れになることがなかったのでとてもさみしかったことをおぼえています。ママが日本に帰ってきてしばらくしてから、君がママのお腹にやってきました。生まれる前から君がやってきただけでパパとママは大喜びをしました。でも、ママのつわりはひどいものでした。何も食べられないし、においにとても敏感でした。気持ちが悪くなると、君がいるお腹をさすりながらいつも深呼吸をしていました。今でも、ママが深呼吸をしている時は、しんどい時です。

　そして、生まれる時は、さらに大変だったのです。夜中に陣痛が始まり、24時間たっても生まれず、ママもお医者さんも看護師さんもそしてパパもくたくたでした。まる1日以上たった2日目の朝に君は生まれました。それは、パパが大好きだったおばあちゃんの誕生日でもありました。この日まで待っていたんだね。でも、のどに何かがつまっていて「オギャー」という泣き声を出すことができず、それに気づいたお医者さんが吸い取ってくれたおかげでやっと「オギャー」と泣いてくれました。

　生まれてからもなかなか歩くことができず、パパとママは心配していました。でもそれが病気のせいだとわかり、手術してゆっくりだけど走れるようになった時は、うれしくて涙がでました。何よりも君の笑顔は最高でした。パパとママは、君の笑顔を一生忘れないと思います。勉強なんてできなくてもいいのです。運動が苦手だってかまいません。君が存在しているだけでパパとママは幸せです。これからも君の笑顔でみんなを幸せにしてください。どんなことがあってもパパとママは、君の味方です。歩夢、パパとママのところに生まれてきてくれてありがとう。

参考文献

- 秋田喜代美編『教師の言葉とコミュニケーション』教育開発研究所、2010 年。
- 秋田喜代美編『対話が生まれる教室』教育開発研究所、2014 年。
- アネッテ・カスト・ツァーン、ハルトムート・モルゲンロート、古川まり訳『赤ちゃんがすやすやネンネする魔法の習慣』PHP 研究所、2003 年。
- アルフレッド・アドラー、岸見一郎訳『子どもの教育』一光社、1998 年。
- アルフレッド・アドラー、岸見一郎訳『子どものライフスタイル』アルテ、2013 年。
- アルフレッド・アドラー、高尾利数訳『人生の意味の心理学』春秋社、1984 年。
- アルフレッド・アドラー、野田俊作監訳『個人心理学講義―生きることの科学』一光社、1996 年。
- 岩井俊憲『勇気づけの心理学』金子書房、2011 年。
- ウイリアム・グラッサー、柿谷正期訳『グラッサー博士の選択理論』アチーブメント出版、2000 年。
- エドワード・L・デシ、リチャード・フラスト、桜井茂男監訳『人を伸ばす力』新曜社、1999 年。
- M. チクセントミハイ、今村浩明訳『フロー体験 喜びの現象学』世界思想社、1996 年。
- エリーン・スネル、出村佳子訳『親と子どものためのマインドフルネス』サンガ、2015 年。
- L. ダーリング・ハモンド、J. バラッツ・スノーデン編『よい教師をすべての教室へ』新曜社、2009 年。
- 大河原昌夫『家族への希望と哀しみ　摂食障害とアルコール依存症の経験』思想の科学社、2004 年。
- カール・ロジャーズ、畠瀬稔監修『ロジャーズのカウンセリング（個人セラピー）の実際』コスモス・ライブラリー、2007 年。
- 教育課程研究会『「アクティブ・ラーニング」を考える』東洋館出版社、2016 年。
- 久賀谷亮『最高の休息法』ダイヤモンド社、2016 年。
- 久保田賢一『構成主義パラダイムと学習環境デザイン』関西大学出版部、

2000 年。
- クリスティーヌ・A・ローソン、遠藤公美恵訳『母に心を引き裂かれて娘を苦しめる境界性人格障害の母親』とびら社、2007 年。
- 栗田真司、秋山麻実、高橋英児「フィンランド共和国・スウェーデン王国における教員養成制度と附属学校園の役割に関する調査研究」『国立大学附属学校園の新たな活用方策』2011 年、pp.54-73。
- 栗田真司「映像メディアと子どもの位置関係―境界線を消す子どもたち」『メディア時代の美術教育』国土社、1993 年、pp.78-98。
- 栗田真司「かわいいにみる少女のまなざし」『美育文化』第 46 巻第 11 号、1997 年、pp.20-25。
- 栗田真司「子どもの流行現象にみる "コミュニケーション消費論"」『美育文化』第 41 巻第 8 号、1993 年、pp.18-21。
- 栗田真司「10 歳前後に発現する描画表現意欲の低下傾向に関する基礎的研究」『教育美術』第 59 巻第 8 号、1998 年、pp.36-51。
- 栗田真司「生涯学習としての博物館における教育普及活動」『大学改革と生涯学習』第 17 号、2013 年、pp.45-73。
- 栗田真司「中心市街地におけるオープン・アトリエ・ワークショップの試み」『大学改革と生涯学習』第 19 号、2015 年、pp.63-92。
- 栗田真司『ポリ袋でつくる』大月書店、1992 年。
- 栗田真司「マルチメディアと双方向性を生かす教育」『初等教育資料』第 651 号、1996 年、pp.68-71。
- 栗田真司「4 本足のにわとり考」『世界思想』第 26 号、1999 年、pp.20-25。
- 玄田有史『希望のつくり方』岩波新書、2010 年。
- 向後千春『幸せな劣等感』小学館、2017 年。
- 國分康孝・國分久子・片野智治編『構成的グループ・エンカウンターと教育分析』誠信書房、2006 年。
- 国立教育政策研究所編『資質・能力「理論編」東洋館出版社、2016 年。
- 佐伯胖『「学ぶ」ということの意味』岩波書店、1995 年。
- 境敦史・曾我重司・小松英海『ギブソン心理学の核心』勁草書房。2002 年。
- 三宮真智子編『メタ認知―学習力を支える高次認知機能』北大路書房、2008 年。
- John Dewey "How We Think" D.C.Heath & Co.,Publishers, 1910.

- 菅原裕子監修『子どもが伸びる！コーチングブック』合同出版、2011 年。
- 大坊郁夫『しぐさのコミュニケーション』サイエンス社、1998 年。
- 高垣忠一郎『生きることと自己肯定感』新日本出版社、2004 年。
- 高橋和巳『人は変われる』三五館、1992 年。
- 田中孝彦『子ども理解 臨床教育学の試み』岩波書店、2009 年。
- 田中博之『アクティブ・ラーニング実践の手引き』教育開発研究所、2016 年。
- ダン・ロスステイン、ルース・サンタナ、吉田新一郎訳『たった一つを変えるだけ クラスも教師も自立する質問づくり』新評論、2015 年。
- トマス・ゴードン、近藤千恵訳『ゴードン博士の人間関係をよくする本』大和書房、2002 年。
- トマス・ゴードン、近藤千恵訳『親業』大和書房、1998 年。
- トーベ・ヤンソン、サミ・マリア編、渡部翠訳『ムーミンママの名言集』講談社、2010 年。
- 中坪史典『子ども理解のメソドロジー』ナカニシヤ出版、2012 年。
- 野島一彦監修『共感的理解』創元社、2015 年。
- ピーター・E・ランドール、新井邦男訳『人はなぜいじめるのか』教育開発研究所、1998 年。
- 平木典子『アサーション・トレーニング』至文堂、2008 年。
- 深田博己編著『コミュニケーション心理学』北大路書房、1999 年。
- ブライアン・ソーン、諸富祥彦監訳『カール・ロジャーズ』コスモス・ライブラリー、2003 年。
- 降旗信一『親子で楽しむネイチャーゲーム』善文社、1992 年。
- 無藤隆『幼児教育のデザイン』東京大学出版会、2013 年。
- リチャード・ボルスタッド、ユール洋子訳『NLP 子育てコーチング』春秋社、2009 年。
- 渡辺弥生『親子のためのソーシャルスキル』サイエンス社、2005 年。
- 渡辺弥生『子どもの「10 歳の壁」とは何か？』光文社、2011 年。

著　者

栗田 真司 （くりた しんじ）

岐阜県生まれ。父は僧侶、祖父は新聞記者であった。東京学芸大学大学院、筑波大学大学院で学び、筑波大学教員、放送大学客員教員等を経て現在、山梨大学大学院教授（総合研究部）。北海道で漁師、茨城で保育、岐阜で僧侶の経験もある。臨床心理カウンセラー（日本臨床心理カウンセリング協会認定）。

文部省小学校図画工作指導資料作成協力者、文部省小学校教育課程運営改善講座講師、文部科学省小学校新教育課程説明会講師、郵政省都市コミュニティー研究成果展開事業委員会委員、国立教育政策研究所評価規準・評価方法等の研究開発に関する検討委員会委員（主査）、文部科学省各教科等担当指導主事研究協議会講師、国立教育政策研究所全国的かつ総合的な学力調査の実施に係る研究指定校企画委員会委員（主査）、文部科学省小学校教員資格認定試験企画委員会委員、第 28 回富士の国やまなし国民文化祭造形遊び部会長、第 73 回国民体育大会冬季大会式典専門委員会委員長、小学校図画工作科用文部科学省小学校検定済教科書『いいこと考えた』代表著作者（東京書籍）、インターネットの教育利用プロジェクト事務局長、山梨県地域教育力・体験活動推進協議会会長、山梨県社会教育委員、山梨県生涯学習審議会委員などを歴任。

装釘・写真・挿絵：栗田真司
制作担当　　：上川真史
レイアウト担当：福原　明

子どもの心を育てるコミュニケーション
2017年5月12日 初版発行

著　者：栗田真司
発行所：学術研究出版／ブックウェイ
〒670-0933　姫路市平野町62
TEL.079 (222) 5372　FAX.079 (223) 3523
http://bookway.jp
印刷所　小野高速印刷株式会社
©Shinji Kurita 2017, Printed in Japan
ISBN978-4-86584-239-5

乱丁本・落丁本は送料小社負担でお取り換えいたします。

本書のコピー、スキャン、デジタル化等の無断複製は著作権法上での例外を除き禁じられて
います。本書を代行業者等の第三者に依頼してスキャンやデジタル化することは、たとえ個
人や家庭内の利用でも一切認められておりません。